VORWORT

Diagnostizieren & Fördern

Ein Kernanliegen von Schule ist es, für jede Schülerin und jeden Schüler ein **individuelles Leistungsprofil** zu erstellen und jedes Kind entsprechend seinen Möglichkeiten zu fordern bzw. zu fördern.
Schriftliche Leistungsüberprüfungen, Lernstandserhebungen u. Ä. können Aufschluss geben, reichen aber nicht aus, um ein dezidiertes Leistungsprofil einer Schülerin oder eines Schülers zu erstellen. Dazu müssen unterschiedliche Ebenen beachtet werden:

Ebene I: Persönlichkeit	Ebene II: Lebens- und Schulsituation	Ebene III: Deutschunterricht

Ebene I: Persönlichkeit
- allgemeines Leistungsvermögen: Lernbereitschaft, Merkfähigkeit ...
- Arbeitsverhalten: Belastbarkeit, Konzentrationsfähigkeit, Aufmerksamkeitsstörungen ...
- soziales Verhalten: Fähigkeit zur Kooperation, aggressives Verhalten ...
- Beziehung zur Lehrperson: positive oder negative Grundhaltung
- individuelle Interessen und Neigungen

Ebene II: Lebens- und Schulsituation
- allgemeine Lebenssituation: behütendes Elternhaus, besondere familiäre Belastungen ...
- schulische Situation: schulische Entwicklung

Ebene III: Unterricht
- subjektive Einstellung zum Schulfach
- Leistungsbereitschaft
- Beherrschung fachlicher Inhalte, Begriffe und Methoden
- Verwendung von Medien
- Fähigkeit, fachliche Sachverhalte zu verstehen und Verstandenes zu nutzen
- Fähigkeit, fachliche Sachverhalte zu kommunizieren und verständlich zu argumentieren

Die Ebenen I und II lassen sich naturgemäß durch die Schule nur bedingt beeinflussen. Die vorliegenden Materialien unterstützen die Arbeit in Bezug auf die Ebene III.

Hinweise zum Einsatz der Materialien

Das Themenheft zum *Diagnostizieren und Fördern im Fach Deutsch für die Jahrgangsstufen 5 und 6* ist einsetzbar in speziellen Förderstunden, im Unterricht oder auch zur häuslichen Übung. Sämtliche Arbeitsblätter sind so gestaltet, dass die Schülerinnen und Schüler ohne weitere Erläuterungen mit ihnen arbeiten können. Es sollte aber in jedem Fall Ansprechpartner zur Klärung von Lernwegen geben. Ihre Funktion besteht zum einen darin, bestimmte Teile der Lösungen zu kontrollieren (bei offenen und halboffenen Aufgabenformaten, geschlossene Aufgaben können dagegen auch von Mitschülern korrigiert werden). Zum anderen sollten die Mentoren auf der Grundlage der bearbeiteten Materialien so oft wie möglich mit einzelnen Schülern kurze Beratungsgespräche führen, um Rückmeldungen über bereits erreichte Kompetenzen zu geben und fehlerhaft gelöste Aufgaben gemeinsam zu analysieren und zu reflektieren. Auf diesem Wege werden für die Lernenden Fehler verstehbar, und neue kognitive Herangehensweisen an Problemstellungen können vorbereitet werden. Im Themenheft erfolgt eine Fokussierung auf fachliche Schwerpunktthemen des Doppeljahrgangs. Drei zentrale Lernbereiche des Deutschunterrichts der Stufen 5 und 6 werden angeboten:
① Rechtschreiben
② Schreiben
③ Lesen.

Zu jedem Schwerpunktthema gibt es folgende Materialien:
1. Eine **Lernstandsermittlung,** die einen vertiefenden Blick auf fachliche Fähigkeiten erlaubt und mögliche Stärken und Probleme aufgedeckt. Im Zuge der **Auswertung der Lernstandsermittlung** werden Hinweise darauf gegeben, mit welchem Fördermaterial gearbeitet werden sollte.
2. **Fördermaterial** für unterschiedliche Kompetenzstufen, das ein selbstständiges Arbeiten und Üben ermöglicht.
3. Eine auf die erste **Lernstandsermittlung** rückbezogene Lernfortschrittsermittlung, die Schlüsse darauf zulässt, in welchem Maße sich Fähigkeiten weiterentwickelt haben.

VORWORT

1. Lernstandsermittlung und Fehleranalyse

Schwächen, die Kinder und Jugendliche in der Auseinandersetzung mit Problemstellungen zeigen, sind nicht unbedingt als etwas Negatives zu bewerten, sie können auch als Grundlage für die Erarbeitung besserer Lösungsstrategien dienen. Solche Schwächen zeigen meist, an welchem Punkt sich ein Lernender zurzeit befindet und welche fachlichen Hilfsmittel ihm momentan zur Lösung einer Aufgabe zur Verfügung stehen. Um fehlerhafte Denkstrategien aufzuschlüsseln, ist es hilfreich, sich in diese einzudenken.

Besonders aufschlussreich ist dazu die **prozessbegleitende Fehleranalyse**, bei der Schülerinnen und Schüler ihre Denkprozesse erläutern. Dies kann entweder durch mündliche oder durch schriftliche Erklärungen erfolgen. Die prozessbegleitende Fehleranalyse durch mündliche Erläuterungen eignet sich insbesondere für den (Förder-)Unterricht mit sehr kleinen Lerngruppen oder den Einzelunterricht, denn sie ist sehr zeitaufwändig und erfordert die vollkommene Zuwendung einer Person. Schriftliche Verfahrensweisen, z. B. mit Hilfe von Lerntagebüchern, können auch in größeren Gruppen sinnvoll eingesetzt werden.

Bei der **ergebnisorientierten Fehleranalyse** werden Fehler in Schülerarbeiten (z. B. Übungs- oder Hausaufgaben) auf Gesetzmäßigkeiten überprüft. Erfahrene Lehrkräfte sehen häufig schnell an der Art des Fehlers, welche Strategie zugrunde lag, und können mit den Kindern gemeinsam gezielt an der entsprechenden Stelle weiterarbeiten.

Die **Lernstandsermittlungen** dieses Heftes unterstützen sowohl die Lehrkräfte als auch die Schüler bei der Fehleranalyse, indem sie durch gezielte Aufgabenstellungen bestimmte systematische Fehler im Sinne einer ergebnisorientierten Fehleranalyse herausfordern. Das Material sollte ohne Notendruck und ohne zeitliche Beschränkung eingesetzt werden. Die voraussichtliche Bearbeitungszeit jeder Lernstandsermittlung beträgt zwischen 15 und 25 Minuten.

In den Lernstandsermittlungen wird ein breites Spektrum an Kompetenzebenen abgebildet. Die Ergebnisse der Auswertungen haben Hinweischarakter auf mögliche Kompetenzen und Schwächen der Lernenden. Aufgrund der jeweiligen Rahmenbedingungen am Testtag (Schülerin X/Schüler Y kann sich an diesem Tag schlecht konzentrieren, eine Aufgabenstellung wird missverstanden, ...) können Einzelergebnisse jedoch beeinflusst werden. Deshalb ist es bei Auffälligkeiten empfehlenswert, unterstützend weitere Aufgaben zur Einschätzung einzusetzen, welche sich auf die gleiche Kompetenzebene beziehen. Grundsätzlich gilt: Je mehr Aufgaben zu einer Kompetenzebene durchgearbeitet und analysiert werden, desto sicherer ist auch die Diagnose.

Die Materialien gehen davon aus, dass die Kompetenzen weitgehend hierarchisch aufgebaut sind, also die Kompetenzstufe III in der Regel die komplexesten Fähigkeiten umfasst. Leistungen einer höheren Kompetenzebene können von Schülerinnen und Schülern gleichwohl auch dann erbracht werden, wenn die vorherige Stufe noch nicht vollständig gesichert ist. Mit dem Diagnosematerial lassen sich jedoch Kompetenzschwerpunkte ausmachen.

Die **Auswertung der Lernstandsermittlungen** sollte möglichst zeitnah nach dem Schreiben erfolgen. Bei geschlossenen Aufgaben ist es möglich, die Schülerinnen und Schüler während der Nachbesprechung wechselseitig korrigieren zu lassen, weil in diesem Fall lediglich zwischen richtig und falsch unterschieden werden muss.

2. Fördermaterial

Die sich aus der Lernstandsermittlung ergebenden Förderschwerpunkte sollten mit dem Kind besprochen werden, damit es den folgenden Lernweg reflektiert beschreiten kann. Nur so werden Schülerinnen und Schüler auch bereit sein, sich ernsthaft mit den Materialien auseinanderzusetzen.

Für jeden Lernbereich gibt es **gestuftes Übungsmaterial**. Je nach Ergebnis der Lernstandsermittlung arbeitet das Kind mit dem Material aus Übungsbereich 1, 2 oder 3. Für die Bearbeitung des Übungsmaterials des jeweiligen Bereiches wird das Kind im Lernbereich Lesen etwa 30 – 45 Minuten benötigen, in den Lernbereichen Rechtschreibung oder Schreiben etwa 60 Minuten. Das im Heft angebotene Übungsmaterial hat **exemplarischen Charakter**, es stellt kein vollständiges Förderprogramm dar. Um eine intensive Förderung zu gewährleisten, muss das Material durch ähnlich gestaltete Übungen ergänzt werden.

Die Übungsmaterialien sind als **Lernaufgaben**, nicht als Überprüfungsaufgaben (z. B. für Klassenarbeiten) gestaltet.

3. Lernfortschrittsermittlung

Am Ende des Kapitels zu einem Lernbereich (Rechtschreibung, Schreiben, Lesen) findet sich eine Lernfortschrittsermittlung, die eingesetzt werden sollte, wenn das Kind das vorhandene und weiteres Übungsmaterial seines Kompetenzprofils bearbeitet hat. Hierbei handelt es sich nicht um eine geeichte Messung des Lernfortschritts, sondern die Lernfortschrittsermittlung soll lediglich Anhaltspunkte liefern, ob weitere Übungen des jeweiligen Schwerpunktes eingesetzt werden müssen oder ein weiterer, komplexerer Übungsbereich angegangen wird.

Das Material

In den drei Lernbereichen dieses Themenheftes (Rechtschreiben, Schreiben, Lesen) stehen jeweils die Aspekte im Mittelpunkt, die für den Kompetenzaufbau in den Jahrgangsstufen 5 und 6 zentral sind.

Rechtschreiben

Im Thementeil zur Rechtschreibung wird zunächst ermittelt, welcher Zugang zur Rechtschreibung im Kompetenzprofil des jeweiligen Kindes dominiert: alphabetisch – Stufe 1, orthographisch/morphematisch – Stufe 2, wortübergreifend – Stufe 3. Das Übungsmaterial setzt dann dementsprechende Schwerpunkte. Die Übungen orientieren sich konsequent an Strategien, die die Kinder zur Stärkung ihrer Rechtschreibkompetenz auf der jeweiligen Stufe anwenden können:

Stufe 1: Schwingen
Stufe 2: Verlängern, Ableiten, Merken, Zerlegen
Stufe 3: Strategien zur Unterscheidung von Groß- und Kleinschreibung.

In den Übungen der Stufe 1 werden basale Rechtschreibqualifikationen in der Laut-Buchstaben-Zuordnung vermittelt. Die Übungen auf Stufe 2 und 3 stellen demgegenüber nicht in jedem einzelnen Fall komplexere Anforderungen, verlangen jedoch andere Herangehensweisen. So beziehen sich die Übungen auf Stufe 2 auf wortbezogene Regelungen, die Übungen zur Großschreibung auf Stufe 3 auf satzbezogene Regelungen.
In der Auswertung zur Lernstandsermittlung ist dargestellt, welche konkreten Rechtschreibphänomene mit den einzelnen Strategien erforscht werden können. Ausnahmeschreibungen kommen im Übungsmaterial nur in dem Maße vor, dass Schülerinnen und Schüler dieser Altersstufen sie ohne Probleme bewältigen können.
Gemeinsame Reflexionsgespräche können den Schülern helfen, das strategieorientierte Vorgehen zu stärken, indem die angewandten Rechtschreibstrategien beleuchtet und auf diese Weise metakognitiv gefestigt werden.

Schreiben

Im Thementeil zur Schreibkompetenz steht das sach- und adressatenorientierte Schreiben im Vordergrund. Am Beispiel des Briefes wird zunächst in einer Lernstandsermittlung geprüft, inwieweit das Kind schon Kompetenzen im sach- und adressatenorientierten Schreiben hat und welche Kenntnisse zur Textsorte „Brief" vorhanden sind. Die Auswertung muss hier durch die Lehrkraft oder einen Mentor erfolgen, weil die Kompetenzen anhand eines vom Kind geschriebenen Briefes festgestellt werden müssen.
Die gestuft angebotenen Übungsmaterialien weisen abhängig vom Kompetenzniveau engere oder weitere Hilfsstrukturen auf (Formulierungsvorgaben, Fragen, Checklisten) und setzen in den drei Übungsbereichen unterschiedliche Schwerpunkte (Briefe gliedern und adressatengerecht formulieren; Briefe sinnvoll aufbauen und adressatengerecht strukturieren; Briefe anschaulich, sprachlich sicher und variabel gestalten). In allen Übungsbereichen werden exemplarisch Grundelemente des prozessorientierten Schreibens (Planung, Vorbereitung, Entwurf, Überarbeitung, Endfassung) eingeübt.
Auf der Basis der Endfassungen sollten jeweils intensive Gespräche zwischen allen Beteiligten stattfinden, um gemeinsam den Lernfortschritt zu reflektieren und noch bestehende Schwächen zu erörtern.

Lesen

Die Materialien zur Lesekompetenz sind fokussiert auf das sinnentnehmende Lesen. Dabei geht es jeweils um die Erschließung von textimmanent ermittelbaren Informationen. Nachschlagewerke müssen insofern nicht angeboten werden.
Für die Jahrgangsstufen 5 und 6 beschränken sich die Materialien auf die ersten Kompetenzstufen einschlägiger Lesekompetenzmodelle (z. B. PISA, Hamburger Lesetest). In der Lernstandsermittlung zu Beginn des Kapitels soll geprüft werden, inwieweit der Schüler bzw. die Schülerin in der Lage ist,

- einzelne, nicht verschlüsselte Textinformationen zu finden und zu nutzen;
- einzelne, verschlüsselte Textinformationen zu finden, zu entschlüsseln und zu nutzen;
- mehrere Textinformationen zu finden, miteinander in Verbindung zu bringen und Schlüsse daraus zu ziehen.

In allen Übungsbereichen werden Leseaufträge so gestellt, dass die 5-Schritt-Lesemethode angebahnt wird.
In den Aufgaben werden die Schüler auch dazu angehalten, ihr Vorgehen zu reflektieren und so das Lernen selbst in den Blick zu nehmen, um auf diese Weise Strategiewissen aufzubauen. Diese „Zwischen-Checks" der Übungen bieten sich in besonderer Weise für Gespräche zwischen den Schülern und den Mentoren an.

RECHTSCHREIBEN

LERNSTANDSERMITTLUNG

Name: _____ Klasse: _____ Datum: _____

Schreibe die diktierten Wörter jeweils in die Lücke!	Diese Spalten füllt dein Lehrer aus:		
	Stufe I	Stufe II	Stufe III
1. „So ein Mist": Vor dem _____ wollte Sören noch ein bisschen von dem Nachtisch essen, den es heute Mittag gegeben hatte, und nun war etwas von dem _____ auf die _____ getropft, die er für die morgige Deutschstunde lesen sollte.			
2. Glücklicherweise konnte er aber noch alles erkennen: Es war eine fantastische Geschichte, in der es um einen _____ und eine Horde von _____ ging.			
3. Sören verstand nicht alles. Er las von einer _____ im _____ und von einem _____, in den man einen _____ werfen musste, _____ ein Wunsch in Erfüllung gehen sollte.			
4. Die kleinen Nager waren sogar _____ wie Sören und legten sich ein _____ an, auf dem sie im _____ spielen konnten.			
5. Sörens _____ war geweckt.			
6. Wenn sein _____ ihm früher solche Geschichten erzählt hatte, dachte Sören immer: „Mein Papa _____!"			
7. Jetzt aber las er gespannt weiter: Die kleinen Tiere waren in eine Verfolgungsjagd _____, eine Katze verfolgte sie, es wurde eng, bis plötzlich …			
8. nichts mehr zu lesen war. Das Ende der Geschichte war unter einer dichten Schicht des Nachtischs vergraben. Selten hatte Sören eine Deutschstunde mit so viel _____ erwartet.			
	(von 11)	(von 15)	(von 13)

4 © Cornelsen Verlag Scriptor, Berlin • Diagnostizieren & Fördern • Deutsch • 5/6

RECHTSCHREIBEN

DIKTIERVORLAGE/AUSWERTUNGSANLEITUNG LERNSTANDSERMITTLUNG

Strategieorientierte Fehlerzuordnung:

Stufe I	Stufe II				Stufe III
Schwingen	Verlängern	Ableiten	Merken	Zerlegen	Groß-/Kleinschreibung
Bei allen Wörtern mit mindestens zwei Silben. Problemstelle: Silbengrenze – Vergessene Buchstaben – Vertauschte Buchstaben – Besonderheiten qu, st, sp Regel zur Konsonantenverdoppelung beim Zweisilber	– Bei unklaren Auslauten/Wortenden – Bei Einsilbern, da keine Silbengrenze vorhanden ist	Bei ä oder äu Wortstammsuche mit a oder au	Wo keine Strategie hilft – nicht verlängerbare Einsilber – Dehnungs-h – Wörter mit pf oder v – Wörter mit Doppelvokal	Bei allen Wortzusammensetzungen – Zum Auffinden unklarer Auslaute – Zum Finden von Bausteinen und damit zur Entdeckung versteckter Einsilber; Suche nach Verlängerungsstellen	Alle Groß- und Kleinschreibfehler

	Stufe I	Stufe II	Stufe III
Fehler an anderen Stellen als den unterstrichenen sollten in der Regel Stufe I zugeordnet werden. Treten in einem Wort Fehler unterschiedlicher Stufen auf, sollten sie in beiden Spalten gezählt werden.			
1. „So ein Mist": Vor dem **Schlafengehen** wollte Sören noch ein bisschen von dem Nachtisch essen, den es heute Mittag gegeben hatte, und nun war etwas von dem **Quark** auf die **Blätter** getropft, die er für die morgige Deutschstunde lesen sollte.	Schlafen-gehen Quark Blätter	Quark Blätter	Schlafen-gehen
2. Glücklicherweise konnte er aber noch alles erkennen: Es war eine fantastische Geschichte, in der es um einen **Zwerg** und eine Horde von **Rennmäusen** ging.	Zwerg	Zwerg Rennmäusen	Zwerg Rennmäusen
3. Sören verstand nicht alles. Er las von einer **Versammlung** im **Gras** und von einem **Brunnen**, in den man einen **Stein** werfen musste, **wenn** ein Wunsch in Erfüllung gehen sollte.	Brunnen Stein (z. B. Schtein)	Versammlung (F statt V) Gras wenn	Versammlung (v statt V) Gras Brunnen Stein
4. Die kleinen Nager waren sogar **sportverrückt** wie Sören und legten sich ein **Fußballfeld** an, auf dem sie im **Abendlicht** spielen konnten.	sport-verrückt Abendlicht	sport-verrückt Fußballfeld Abendlicht	sportver-rückt Fußballfeld Abendlicht
5. Sörens **Neugier** war geweckt.	Neugier	Neugier	Neugier
6. Wenn sein **Vater** ihm früher solche Geschichten erzählt hatte, dachte Sören immer: „Mein Papa **spinnt**!"	spinnt	Vater (F statt V) spinnt	Vater (v statt V)
7. Jetzt aber las er gespannt weiter: Die kleinen Tiere waren in eine Verfolgungsjagd **verwickelt**, eine Katze verfolgte sie, es wurde eng, bis plötzlich ...		verwickelt	
8. nichts mehr zu lesen war. Das Ende der Geschichte war unter einer dichten Schicht des Nachtischs vergraben. Selten hatte Sören eine Deutschstunde mit so viel **Spannung** erwartet.	Spannung	Spannung	Spannung
Falsch geschriebene Wörter:	(von 11)	(von 15)	(von 13)

RECHTSCHREIBEN

ÜBUNGSBEREICH 1

Schwingen

Sind dir im Test viele Rechtschreibfehler unterlaufen? Hast du manchmal keine Lust mehr zu üben, weil du keinen Erfolg siehst? Dann solltest du dich unbedingt um Strategien kümmern. Denn: Wenn du fünf Strategien beherrschst, kannst du fast alles richtig schreiben.

Strategie 1: Schwingen

1. Beim Schreiben nutzen wir für die einzelnen Laute Zeichen. Das sind die Buchstaben. Davon haben wir im Prinzip nur 26. Aus ihnen setzen sich alle Wörter zusammen.

A　　E　　I　　O　　U　　_____

BCD　FGH　JKLMN　PQRST　VWXYZ　_____

Sprich sie laut. Du merkst beim Sprechen: Jeder Buchstabe steht für einen Laut.
Finde den Unterschied zwischen der ersten und der zweiten Zeile. Ordne jetzt richtig zu: Selbstlaute oder Vokale, Mitlaute oder Konsonanten. Schreibe die Lösung auf die Linien!

2. Aus Lauten werden Silben. Die Buchstaben geben dir Hinweise, wie du die Silben sprichst.
Probiere aus:
tri tra trul la la
a bra ka da bra
ho kus po kus fi di bus
sim sa la bim bam ba sa la du sa la dim

Eine Buchstabenart kommt in jeder Silbe vor. Das sind die _____.
Sie sind die **Könige** der Silbe, die man lang oder kurz sprechen kann.

3. Woher weißt du, ob du einen Vokal lang oder kurz sprechen musst? Sieh dir die Silben in Aufgabe 2 genau an: Wenn du auf das Ende der Silbe achtest, kannst du zwei Muster entdecken:

Entweder enden sie wie **da** oder **fi** mit einem V _____, dann sind sie offen, oder

sie enden wie **bam** oder **kus** mit einem K _____, dann sind sie geschlossen.

4. In offenen und geschlossenen Silben spricht man den Vokal in der Regel verschieden.
Probiere jetzt an den Sprüchen in Aufgabe 2 aus, in welchen Silben man die Vokale lang und in welchen man sie kurz spricht.
Ergebnis: In offenen Silben spricht man den Vokal immer _____, in

geschlossenen Silben eher _____.

5. Lass dir die Silben aus Aufgabe 2 diktieren oder schreibe sie ab.

RECHTSCHREIBEN

ÜBUNGSBEREICH 1

Mit dem Schwingen kann man die Sprache erforschen.

Du weißt jetzt: Wir ordnen beim Schreiben jedem Laut einen Buchstaben zu.
Dabei unterscheiden wir Selbstlaute und Mitlaute.

1. Aus den Lauten bilden wir Silben, und zwar nach zwei Mustern. Fülle die Tabelle aus.

m	ma	me	mi	mo	mu	mau	mei
r	ra						
s							
n							
f							
l							
sch							
schl							

Was allen Silben gemeinsam ist: Sie enden mit einem V_____ und sind deshalb _____

2. Hier hast du ein anderes Muster von Silben. Fülle die Tabelle aus.

m	man	men	min	mon	mun	maun	mein
r	ran						
s							
n							
f							
l							
sch							
schl							

Was allen Silben gemeinsam ist: Sie enden mit einem K _____ und sind deshalb

_____. Die Stelle, an der sich die Silbenmuster unterscheiden, ist also das

_____ der Silbe. Dort musst du beim Schwingen gut hinhören.

3. Aus Silben bilden wir Wörter.
   Ro se, Mei se, Na men, Ba na ne, Kar tof fel, A mei sen spei se zet tel
   Bilde aus den Silben der beiden Tabellen selber Wörter und schreibe sie in dein Heft.

4. Auch lange Wörter werden aus offenen oder geschlossenen Silben gebildet.
   Prüfe nach. Markiere die offenen Silben blau und die geschlossenen Silben rot.
   Re gen bo gen far ben   Gei gen bo gen ma te ri al   Pa pa gei en vo gel
   Wa ren zei chen   A mei sen hau fen   Po li zei wa gen   Ka mel ka ra wa ne
   Be er di gungs ge sprä che   Te le fon an sa ge   Zei chen li ne al län ge
   Ei sen zaun   Pi ra ten hut   Le se ge schwin dig keit   Rauch zei chen ab ga be

© Cornelsen Verlag Scriptor, Berlin • Diagnostizieren & Fördern • Deutsch • 5/6

RECHTSCHREIBEN

ÜBUNGSBEREICH 1

Lange Wörter schreiben

Das Schwingen kann dir beim Schreiben der langen Wörter helfen:
Me lo nen sup pen far be   Aus tern per le   Schlan gen wör ter bil dung

1. Sprich die Wörter langsam und in Silben.
   Wenn du sehr deutlich sprichst, hörst du jeden Laut und kannst ihm einen Buchstaben zuordnen.

 *Noch besser kannst du dich auf die Silben konzentrieren, wenn du dich beim Sprechen so bewegst:*

   Stelle dich mit beiden Beinen locker hin und halte deine Schreibhand in der Luft. (1)
   Gehe bei jeder Silbe einen Schritt nach rechts und ziehe mit der Schreibhand einen Silbenbogen durch die Luft. (2) Beende die Silbe, indem du den linken Fuß neben den rechten stellst. Erst dann schwingst du die nächste Silbe. (3)
   Übe mit den Wörtern aus Aufgabe 4 auf Seite 7.

2. Nachdem du die Wörter oben geschwungen
   hast, kannst du sie richtig schreiben.
   Lass sie dir diktieren und schreibe sie auf die Linien.

   Tipp: Sprich beim Schreiben leise in Silben mit. Sprich nur so schnell, wie du schreibst.

   _____

   _____

   _____

3. Zur Kontrolle kannst du Silbenbögen unter die einzelnen Silben ziehen. Sprich dabei in Silben mit.
   Beispiel: Au to ra ser kon trol le

   Vorsicht Fehler: Wenn du genau liest, was in den Silben steht, findest du sie:

   falsch: Au to ras ser kon tro le   richtig: _____

Mit dem Schwingen hast du eine wichtige Strategie entdeckt, mit der man 50 % der Wörter richtig schreiben kann.
Kreuze die richtigen Antworten an. Schwingen bedeutet:
❏ Die Wörter sehr deutlich in Silben sprechen und sich dabei bewegen.
❏ Beim Schreiben der Wörter in Silben mitsprechen.
❏ Mit Hilfe von Silbenbögen kontrollieren und auch dabei mitsprechen.
❏ Immer zwei Dinge gleichzeitig tun.
❏ Silben erforschen.

RECHTSCHREIBEN

ÜBUNGSBEREICH 1

Besondere Laute – besondere Buchstaben

1. Schwinge die folgenden Wörter. Markiere den Anfang der Wörter.
   Finde den Unterschied zwischen Kasten 1 und 2.

Schwimmer	Steinobst
Schweineschwänze	Spitzmaus
Schreckschüsse	Steigerung
Schnittwunde	Sprachunterricht
Schlitten	Sportflugzeug
Schrotflinte	Stinktier
Schwergewicht	Sprichwort
Schrumpfkopf	Stolpersteine

   Damit hast du eine Regel herausgefunden:

   schp schreibt man immer _____, scht schreibt man immer _____.

   Schreibe diese Regel und die Beispielwörter richtig in dein Heft.
   Lege eine Tabelle an und finde weitere Beispiele. (Nutze das Wörterbuch.)

Wörter mit st	Wörter mit sp

2. Auch hier wird ein Laut auf besondere Weise geschrieben.
   Schwinge die Wörter und markiere die Besonderheit.

die Quitte, die Quittung, quieken, quatschen, quetschen, quer, quengeln, die Quelle, qualmen, die Qualle, quirlen

   Diese Absprachen gelten für alle Wörter.

   Ergebnis:
   Den Laut kw schreibt man **immer** _____.
   Schreibe auch diese Regel und die Wörter richtig in dein Heft.
   Findest du weitere Wörter?
   Ergänze das Lernplakat im rechten Kasten.

   scht =
   Beispiel: _____
   schp =
   Beispiel: _____
   kw =
   Beispiel: _____

RECHTSCHREIBEN

ÜBUNGSBEREICH 1

3. Besonderheiten an der Silbengrenze in der Wortmitte
Hier schwingt man so: Men ge, ran ken

Silbengrenze heißt: Hier ist eine Silbe zu Ende, die zweite beginnt.

die Hänge   blinken   lange   wanken
die Zange   die Klinke   die Wange   zanken

4. Wie schwingst du diese Wörter? Probiere aus.

die Wäsche   die Taschen   die Flaschen   die Maschen   die Fische

Es kann sein, dass du sch zweimal sprichst. Du schreibst aber nur einmal.
Deswegen kannst du bei diesen Buchstaben einen Kreuzbogen verwenden. Der geht so: Wäsche
Wende ihn auch bei den anderen Wörtern an.

5. Hier hast du zwei Gruppen von Wörtern, die an der Silbengrenze gleich geschrieben werden.
Prüfe, ob sie auch gleich gesprochen und geschwungen werden.

die Tücher die Bücher	lachen wachen
die Suche die Buche	machen die Sache
riechen die Seuche	die Löcher kochen

Beschreibe den Unterschied: Bei den Wörtern im linken Kasten spricht man die erste Silbe

_____, im rechten Kasten spricht man sie _____.

*Tipp: Auch wenn man ch zweimal spricht, schreibt man nur einmal.
Auch dafür verwenden wir den Kreuzbogen: Bäche*

6. Bei diesen Wörtern findest du an der Silbengrenze eine Besonderheit,
die du bestimmt schon kennst. Schwinge die Wörter.

backen, hacken, wickeln, nuckeln, zuckeln

Ergebnis: Du hörst _____ und schreibst _____.

Besonderheiten an der Silbengrenze
kk =
Beispiel: _____
zz =
Beispiel: _____

Der Kreuzbogen gilt
für _____ und _____.
Beispiel: _____
und _____

7. Und noch einen besonderen Laut gibt es an der Silbengrenze.
Schwinge diese Wörter.

die Hitze, hetzen, die Witze, setzen, wetzen

Kreuze an, wie du sprichst: tz ☐   zz ☐

Tipp: In der deutschen Sprache schreibt man nicht zz, sondern tz.

Jetzt hast du die wesentlichen Besonderheiten beim Schwingen
herausgefunden.

RECHTSCHREIBEN

ÜBUNGSBEREICH 1

Wann verdoppelt man einen Konsonanten?

1. Schwinge die Wörter und untersuche an der Silbengrenze.

die Rose	die Rosse
der Rasen	die Rasse
der Böse	die Bosse
Die erste Silbe ist _____.	Die erste Silbe ist _____.

Regel 1: Jetzt weißt du: Wenn die erste Silbe _____ ist, wird der Konsonant nicht verdoppelt.

Wenn die erste Silbe _____ ist, wird der Konsonant verdoppelt.

2. Setze ein:

b oder bb: der Kna____e, kra____eln, wa____eln, der Ne____el, kni____eln

f oder ff: der O____en, o____en, der Lö____el, pfi____ig, schla____en

m oder mm: der Na____e, ko____en, der Sa____en, sa____eln

l oder ll: ho____en, Frau Ho____e, die Hö____e, die Höh____e, wo____en

3. Schwinge die Wörter und untersuche an der Silbengrenze.

falten	fallen
halten	die Halle
warnen	die Wanne

Kreuze die richtigen Antworten an.
Die 1. Silbe ist offen. ❏
Die 1. Silbe ist geschlossen. ❏
An der Silbengrenze stehen zwei
verschiedene Konsonanten. ❏
An der Silbengrenze stehen zwei
gleiche Konsonanten. ❏

Kreuze die richtigen Antworten an.
Die 1. Silbe ist offen. ❏
Die 1. Silbe ist geschlossen. ❏
An der Silbengrenze stehen zwei
verschiedene Konsonanten. ❏
An der Silbengrenze stehen zwei
gleiche Konsonanten. ❏

Regel 2: Jetzt weißt du: Wenn an der Silbengrenze zwei _____ Konsonanten stehen, wird nicht verdoppelt.

4. Wende die beiden Regeln an und setze s oder ss ein.

die Sen__e, der Se__el, die Schwe__ter, der Pin__el, das Me__er, die Läu__e,

die Häu__er, der E__el, die We__te, win__eln, ra__en, der Mei__ter, ge__tern,

die Ra__e, die Re__te, das Pfla__ter, me__en, die Kla__e, das Wa__er

RECHTSCHREIBEN

ÜBUNGSBEREICH 2

Verlängern, Zerlegen, Ableiten, Merken

Strategie 2: Verlängern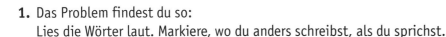

Manche Wörter sind zu kurz zum Schwingen.

Schwingen heißt, deutlich in Silben sprechen. Schau dir S. 8 an.

1. Das Problem findest du so:
Lies die Wörter laut. Markiere, wo du anders schreibst, als du sprichst.

das Werk – der Be**rg**   der Piep – der Stab   der Rat – das Rad
  – der Zwerg   – das Sieb   – das Bad

Man spricht _____,   Man spricht _____,   Man spricht _____,

man schreibt _____.   Man schreibt _____.   Man schreibt _____.

So löst du das Problem:
Prüfe, wie viele Silben die Wörter haben.

Tipp: Erinnere dich, an welcher Stelle im Wort das Schwingen hilft.

Ergebnis: Die Wörter haben alle _____ Silbe.

Jetzt weißt du: Bei Einsilbern hilft das Schwingen nicht immer. Finde eine Erklärung.

_____

2. Problemlösung

der Be**g** – die Ber ge

_____

Du hängst also eine Silbe an und kannst das Wort wieder schwingen. Diese Strategie nennt man „Verlängern". Setze das Strategiezeichen an die Verlängerungsstelle und verlängere die Wörter.

3. Hier entdeckst du ein neues Problem.
Lies die Wörter laut. Markiere, die Buchstaben, die du nicht genau hörst.

der Ba**ll** – die Bäl le   der Schwamm – _____   der Zoll – _____

krumm – _____   schnell – _____   dünn – _____

kämmt – _____   rennt – _____   hasst – _____

bellt – _____   kennt – _____   klirrt – _____

Das Problem löst man durch _____.

Setze das Strategiezeichen, schreibe die Lösung hinter die Wörter und schwinge sie zur Kontrolle.

RECHTSCHREIBEN

ÜBUNGSBEREICH 2

4. Auch dieses Problem kannst du durch Verlängern lösen. Gehe dabei vor wie bei Aufgabe 2:

der Zeh – _____

die Kuh – _____

das Reh – _____

Tipp: Du solltest alle Einsilber durch Verlängern überprüfen. Kannst du sie nicht verlängern, musst du sie dir merken.

5. Das Verlängern ist die Strategie für das Schreiben der Einsilber.
Bei den folgenden Zweisilbern hilft es aber auch. Schwinge die Wörter.
Setze das Strategiezeichen an die Problemstelle.

der Erfolg- _____   der Anschub- _____   der Verband- _____

der Betrug- _____   der Betrieb- _____   der Abend- _____

Untersuche, an welcher Stelle im Wort sich das Problem befindet.

Ergebnis: Die Problemstelle befindet sich am _____ des Wortes.
Löse das Problem, indem du die Wörter verlängerst.

6. Schwinge diese Wörter. Markiere die Wörter, die verlängert werden müssen, mit dem Strategiezeichen.

> der Korb, rund, dummer, Erfolg, die Wand, rennen, gesund, der Sarg, kräftig, der Mond, die Wellen,
>
> der Anzug, der Raub, die Suppe, das Bild, der Strand, der Vertrag, der Gepard, schwimmen

Nicht verlängern muss man: _____.

Begründung: Man muss nicht verlängern, weil _____

7. Ordne die zu verlängernden Wörter mit den Verlängerungsformen ein:

Einsilber
rund – runder

Zweisilber
der Erfolg – die Erfolge

8. Kreuze die richtigen Antworten an.
❏ Verlängern hilft an der Silbengrenze.   ❏ Verlängern hilft bei Einsilbern.
❏ Verlängern hilft bei allen Zweisilbern.   ❏ Verlängern ist die Strategie für das Wortende.

© Cornelsen Verlag Scriptor, Berlin • Diagnostizieren & Fördern • Deutsch • 5/6

RECHTSCHREIBEN

ÜBUNGSBEREICH 2

Regentag   von Peter Maiwald

Paul steht am Fenster. _____   Der Regen prasselt. _____

Paul steht und glotzt. _____   Der Regen fällt. _____

Der Regen regnet. _____   Der Regen rasselt. _____

Der Regen rotzt. _____   Der Regen hält. _____

Der Regen nieselt. _____   Paul steht am Fenster. _____

Der Regen rinnt. _____   Paul steht und glotzt. _____

Der Regen pieselt. _____   Der Regen regnet. _____

Der Regen spinnt. _____   Der Regen rotzt. _____

(aus: Hans-Joachim Gelberg (Hg.): Großer Ozean. Gedichte für alle. Beltz u. Gelberg. Weinheim 2000, S. 109)

Aufgaben:
Schwinge den Text.
Markiere alle Wörter, die du durch Schwingen richtig schreiben kannst, mit Blau.
Markiere alle Wörter, die du verlängern musst, mit Rot.
Schreibe die Verlängerungswörter auf die Linien hinter den Zeilen.

Strategie 3: Zerlegen
Manche Wörter sind zu lang zum Schwingen.

1. Schwinge diese Wörter.

| Wal**d**bran**d** | Handballtor | Strandbadeintritt |
| Brennstoff | Klebstoffreste | Schnelllauf |

Markiere die Problemstellen.

2. Die Wörter in Aufgabe 1 sind aus mehreren Wörtern zusammengesetzt.
Um ihre Schreibweise zu erklären, müssen sie zerlegt werden.

> **Zerlegen** geht so:
> Waldbrand besteht aus den Wörtern Wald und Brand.
> Ziehe einen Trennstrich zwischen den Wörtern.
> Beispiel: Wal**d**/bran**d**
>
> Nun findest du zwei Problemstellen: zwei Einsilber/zwei unklare Auslaute.
>
> Du weißt: Dabei hilft die Strategie _____ .
> also: der Wal**d** – die Wäl**d**er; der Bran**d** – die Brän**d**e

Untersuche auf diese Weise auch die anderen Wörter der Aufgabe 1.

RECHTSCHREIBEN

ÜBUNGSBEREICH 2

3. Für das Zerlegen muss man ein Detektiv sein. Gehe so vor:
Ziehe Trennstriche zwischen den einzelnen Wörtern.
Beginne hinten.
Schwinge die Wörter und zeichne die Silbenbögen.
Prüfe, ob es vor den Trennstrichen unklare Auslaute oder Einsilber gibt.
Markiere die Problemstellen mit dem Strategiezeichen.
Finde die Verlängerungswörter.

Urlau**b**s/karte – die Urlaube

Schubkarre – _____

Wüstenrennmaus – _____

Mundwinkel – _____

Blinddarm – _____

Schlammschlacht – _____

Flugzeugkonstrukteur – _____

Torwandschießen – _____

Wanderrucksack – _____

Brennglasweite – _____

Bildbandhersteller – _____

Sommerwind – _____

Schuhgröße – _____

Klappradlenker – _____

Windradhöhe – _____

Handschuhgröße – _____

Abendbrot – _____

Geburtstagskarte – _____

Merke: Diese Strategie heißt Zerlegen. Dabei markiert man die Grenze zwischen den Wörtern und findet versteckte Verlängerungsstellen: Einsilber und unklare Auslaute.

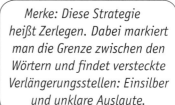

Manche Wörter muss man durch ein Kupplungs-s aneinanderkuppeln.

Du liest ein Wort von vorne nach hinten, du erschließt es aber von hinten nach vorn.

Tipp: Mit dem Zerlegen kannst du auch die Bedeutung der Wörter erschließen:
*Wald/brand – der **Brand** in einem Wald.*
*Urlaubs/karte – eine **Karte** aus dem Urlaub*

Probiere es an den übrigen Wörtern aus.

RECHTSCHREIBEN

ÜBUNGSBEREICH 2

4. Bei manchen Wortzusammensetzungen gibt es Vor- und Nachsilben. Das sind Bausteine, die immer gleich bleiben. Markiere sie und finde versteckte Verlängerungsstellen.

Nachsilben

en**d**lich – das Ende

freundlich – _____

häuslich – _____

schrecklich – _____

Kundschaft – _____

Hoffnung – _____

Handlung – _____

Vorsilben

zerdrü**ck**t – drücken

bekennt – _____

versorgt – _____

beliebt – _____

entsorgt – _____

gesagt – _____

bekennt – _____

Vorsilben und Nachsilben

Verpackung – packen

verwundbar – _____

unkündbar – _____

unfreundlich – _____

Verhandlung – _____

Verwandlung – _____

vorbildlich – _____

unkenntlich – _____

5. Jetzt kannst du auch diese langen Wörter zerlegen.

Versammlungs/raum – sammeln

Behandlungszimmer – _____

Unkündbarkeit – _____

Vergnüglichkeit – _____

Pappnasenansammlung – _____

Rennmausbeweglichkeit – _____

Schwimmflossenknappheit – _____

Schnelllaufwettbewerb – _____

Merke: Mit dem Zerlegen findest du versteckte Verlängerungsstellen!

6. Kreuze an, wobei das Zerlegen hilft.
- ❏ Zerlegen hilft bei zusammengesetzten Wörtern.
- ❏ Zerlegen hilft bei Zweisilbern.
- ❏ Zerlegen hilft, das Ende von Wörtern zu finden.
- ❏ Zerlegen hilft, versteckte Einsilber zu finden.
- ❏ Zerlegen hilft, Wörter zu verstehen.

RECHTSCHREIBEN

ÜBUNGSBEREICH 2

Strategie 4: Ableiten

1. Sprich die folgenden Wörter laut. Markiere die Buchstaben mit Verwechslungsgefahr.

die Welt – hält;   der Trecker – der Bäcker;   die Henne – die Hände

Problem: Die Vokale e und ä kann man leicht verwechseln.
Für dieses Problem brauchst du eine weitere Strategie.

Man schreibt:
Welt,   aber   hält, denn das Wort ist verwandt mit _____

der Trecker,   aber   der Bäcker, denn das Wort ist verwandt mit _____

die Henne,   aber   die Hände, denn das Wort ist verwandt mit _____

2. Auch hier werden zwei Silbenkönige gleich gesprochen.
Man schreibt:
die Leute   aber   läuten, denn _____

heute   aber   häuten, denn _____

die Meute   aber   die Mäuse, denn _____

Ableiten ist ganz einfach: Es gilt nur für zwei Buchstaben! Das Strategiezeichen kommt genau an die Stelle.

Merke: Die normale Schreibung für die Laute sind die Buchstaben e und eu. Mit ä und äu schreibt man ein Wort in der Regel nur, wenn es ein verwandtes Wort mit _____ oder _____ gibt.

3. Setze das Strategiezeichen und suche zur Begründung der Schreibweise ein verwandtes Wort mit a.

Gärten – _____,   Hänsel – _____,   Kälte – _____,   mächtig – _____,

Fläche – _____,   schälen – _____,   Gänse – _____,   Wärme – _____,

lächeln – _____,   Länge – _____,   Gedränge – _____,   Bär – _____,

Dämm – _____,   Äste – _____,   Mähne – _____,   Händler – _____,

Für diese zwei Wörter findest du keine Verwandten: _____
Sie musst du dir merken.

4. Setze das Strategiezeichen und begründe die Schreibweise durch ein Wort mit au.

Gebäude – _____,   Läuse – _____,   Schäume – _____,

Däumling – _____,   Träume – _____,   säuerlich – _____,

Läufer – _____,   gräulich – _____,   bläulich – _____,

RECHTSCHREIBEN

ÜBUNGSBEREICH 2

Strategie 5: Merken

Manche Wörter muss man sich merken.
Damit das leichter geht, kannst du Merkwörter nach gemeinsamen Merkmalen ordnen.

Gruppe 1: Kurze Wörter, die man nicht verlängern kann.

Ⓜ denn wann dann und als doch denn dies vielleicht irgend wenn wer bin warum heraus ob kurz sie ab plötzlich jetzt wie trotzdem herein deshalb darum nirgends bald einmal und ab stets also zuletzt

1. Setze das Strategiezeichen an die Problemstelle.
2. Lege eine Tabelle mit den Merkwörtern an und ordne sie nach dem Alphabet.
   Ordne auch nach Einsilbern und Zweisilbern.

Gruppe 2: Wörter mit V

Vorrat Vater Vogel Vampir Vanille Veilchen Ventil viel vier Vulkan

3. Bilde Sätze, in denen diese Wörter vorkommen.
   Bei den folgenden Wörtern hilft dir dein Wissen über Bausteine:

ver|gessen ver|laufen ver|sprechen ver|weilen	vor|kommen vor|spulen vor|waschen vor|nehmen vor|singen

Merke: Wenn du die Vorsilben ver und vor kennst, kannst du viele Wörter richtig schreiben.

4. Lege in deinem Heft eine Tabelle an. Suche im Wörterbuch und fülle die Tabelle aus.

Wörter mit der Vorsilbe ver	Wörter mit der Vorsilbe vor

Gruppe 3: Wörter mit Dehnungs-h

kühl, stehlen, die Mühle, ohne, wohnen, während, fahren, zahlen, führen, mehr, die Uhr, sehr, kehren, das Ohr, ähneln, hohl, wohl, gähnen, die Fahne, der Rahmen, das Fohlen, die Sohle, rühren, nehmen, der Lehrer, das Mehl, wahr, stehlen, wehren, das Mahl, die Höhle, der Kahn, der Hahn, dehnen, der Sohn, die Bohne, der Mohn, die Kuhle

5. Lege eine Tabelle im Heft an und ordne die Wörter nach dem Vokal, hinter dem das h steht.

ah	eh	oh	uh

Merke: Hinter dem i steht ein h nur bei: ihnen ihn ihm ihr ihre

RECHTSCHREIBEN

ÜBUNGSBEREICH 3

Strategien zur Groß- und Kleinschreibung

1. Nomen schreibt man groß. Man erkennt sie am Artikel. Setze ihn ein.

der Becher   _____ Kuchen   _____ Sahne   _____ Zucker

_____ Mehl   _____ Hund   _____ Katze   _____ Butterbrot

2. Warum sind Nomen in einem Text nicht immer einfach zu erkennen?
Wenn du mit den Wörtern Sätze bildest, ändern sich die Artikel. Setze ein:

Gibst du mir _____ Becher? Mit _____ Sahne mag ich _____ Kuchen noch lieber.

Ich habe zu viel von _____ Zucker und zu wenig von _____ Mehl für _____ Kuchen

abgemessen, aber _____ Duft _____ Gebäcks ist wunderbar.

Mit _____ Hund und _____ Katze habe ich nette Haustiere. Sie naschen am liebsten von

_____ Butterbroten.

Merke: Auch **des**, **dem**, **den** sind Artikel.

In Sätzen können Nomen aber auch ganz andere Begleiter haben.

3. Unterstreiche die Nomen und ihre Begleiter.
Meine gefräßigen Haustiere
Wenn ich einen Kuchen backe, messe ich manchmal einige Zutaten falsch ab. Vom Zucker nehme ich oft zu viel, vom Mehl zu wenig, aber trotzdem duftet mein Kuchen meistens sehr lecker. Mit zwei Katzen und drei Hunden habe ich nette Haustiere. Wenn ich nicht aufpasse, naschen sie von meinem leckeren Kuchen, und ich bekomme nichts ab.

4. Strategien zum Erkennen von Nomen
Du kannst dir natürlich merken, welche verschiedenen Wörter die Nomen begleiten können.
Wenn du allerdings Strategien kennst, erkennst du Nomen einfacher.

Artikelprobe:
Ich esse gerne Kuchen
Ich esse gerne **den** Kuchen.

Zählprobe:
Zum Geburtstag backe ich Kuchen.
Zum Geburtstag backe ich **zwei** Kuchen.
Zum Geburtstag backe ich **viele** Kuchen.

Adjektivprobe:
Zum Geburtstag backe ich **leckeren** Kuchen.

Strategien zur Überprüfung der Nomen
1. Artikelprobe: Vor Nomen im Satz kann man einen Artikel setzen: das Haus
2. Zählprobe: Nomen kann man zählen. Man kann ein bestimmtes oder unbestimmtes Zahlwort einsetzen.
Eins, zwei drei …
Wenige, viel, einige … Häuser
3. Nomen kann man mit einem Adjektiv beschreiben: schöne Häuser

RECHTSCHREIBEN

ÜBUNGSBEREICH 3

5. Nutze die drei Proben. Kreuze an, in welchem Satz „Tränen" ein Nomen ist.

Vom Wind tränen mir die Augen.
Mir laufen Tränen über das Gesicht.

Pfiffige Rechtschreiber prüfen mit Hilfe der drei Proben, ob ein Wort ein Nomen ist.

1. Artikelprobe:
Vom Wind (   ) tränen mir die Augen   Nomen ❑
Mir laufen (   ) Tränen über das Gesicht.   Nomen ❑

2. Zählprobe:
Vom Wind (   ) tränen mir die Augen.   Nomen ❑
Mir laufen (   ) Tränen über das Gesicht.   Nomen ❑

3. Adjektivprobe:
Vom Wind (   ) tränen mir die Augen.   Nomen ❑
Mir laufen (   ) Tränen über das Gesicht.   Nomen ❑

6. Mit Hilfe der Proben kannst du die Nomen sicher erkennen.
Unterstreiche sie. Beweise mit Hilfe einer der Proben, dass es sich um Nomen handelt.

Der Teufelskopffalter

Der Teufelskopffalter segelt durch die Nacht.

Seine vier Flügel sehen aus wie die Köpfe von vier Teufeln,

darum heißt er auch Teufelskopffalter.

Beim Fliegen blinzelt er mit seinen vier Augen. Das sieht

besonders schön aus, wenn der Mond scheint. Weil dann

im Mondlicht seine Augen glitzern, als wären sie

Edelsteine.

Eigentlich hat er sechs Augen: vier an den Flügeln und

zwei am Körper.

Der Teufelskopffalter ist sehr selten.

Genau gesagt gibt es nur ein Exemplar von ihm. Es ist

aber auch möglich, dass ich mich irre …

(aus: Erwin Moser, Das große Fabulierbuch. © 1995 Beltz & Gelberg in der Verlagsgruppe Beltz, Weinheim und Basel)

Wie stellst du dir den Teufelskopffalter vor?
Zeichne ihn.

RECHTSCHREIBEN

ÜBUNGSBEREICH 3

7. In dem folgenden Text sind alle Nomen klein geschrieben. Markiere sie.
Beweise mit einer der Proben, dass es sich um Nomen handelt. Schreibe den Text richtig ab.

In dem Buch der Schrecksenmeister ist Echo, ein hungriges Krätzchen, auf der Suche nach etwas Essbarem:

Dieses dach barg noch andere köstlichkeiten als die herrliche minze. Das ahnte Echo nicht nur, – er konnte es riechen! Gebratene täubchen und wachteln, honigmilch. Ein unsichtbarer, üppig gedeckter festmahlstisch schwebte in der luft. Die minze war nur ein geruchlicher appetitanreger gewesen, die essbaren genüsse warteten woanders. Aber wo? Echo stieg immer weiter hinauf, immer höher und höher den first empor, bis er auf eine terrasse mit moos geriet. (…) Irgendjemand (…) hatte hier einen garten angelegt. Ein regelrechter kleiner urwald war das, der tief in den dachstuhl hineinführte, mit saftigem moosigem boden, hochgeschossenen gräsern und unkraut. Echo strich auf leisen pfoten durch das gestrüpp, geduckt, ganz jäger auf der pirsch. Zwei düfte vermischten sich und wurden übermächtig: die von milch und honig. Disteln stellten sich Echo in den weg wie gesenkte lanzen, aber er fetzte sie mit ausgefahrenen krallen zur seite. Nichts konnte ihn mehr von seiner beute trennen, die ganz nah sein musste. Er teilte mit beiden pfoten einen üppigen busch aus gelben gräsern – und dann sah er ihn zum ersten mal, den see aus milch. Eine schneeweiße fläche, sanft gekräuselt vom wind. Darauf trieben kleine boote, aus schilf geflochten, und die passagiere waren knusprig gebratene täubchen und gegrillte fische. Sie saßen aufrecht, waren mit puppenkleidern angezogen und kleinen schirmchen aus papier versehen worden. Echo war entzückt.

(Walter Moers: Der Schrecksenmeister. © 2007 Piper Verlag GmbH, München, S.60/61)

RECHTSCHREIBEN

LÖSUNGEN ZU DEN ÜBUNGSBEREICHEN 1 BIS 3

Seite 6

1. a,e,i,o,u = Vokale, alle anderen sind Konsonanten.
   Die Vokale kommen immer vor.
2. In jeder Silbe kommen Vokale vor.
3. Entweder enden sie wie **da** und **fi** mit einem Vokal, dann sind sie offen, oder sie enden wie **bam** und **kus** mit einem Konsonanten, dann sind sie geschlossen.
4. In offenen Silben spricht man den Vokal immer kurz, in geschlossenen Silben eher lang.

Seite 7

1. Alle Silben enden mit einem Vokal und sind deshalb offen.
2. Alle Silben enden mit einem Konsonanten und sind deshalb geschlossen. Die Stelle, an der sich die Silbenmuster unterscheiden, ist also das Ende der Silbe.
4. Die offenen Silben sind markiert:

   Re gen **bo** gen far ben   **Gei** gen **bo** gen **ma te ri** al   **Pa pa gei** en **vo** gel

   Wa ren **zei** chen   **A mei** sen **hau** fen   **Po li zei wa** gen   **Ka** mel **ka ra wa ne**

   Be er **di** gungs **ge sprä che**   **Te le** fon an **sa ge**   **Zei** chen **li ne** al län **ge**

   Ei sen zaun   **Pi ra** ten hut   **Le se ge** schwin dig keit   Rauch **zei** chen ab **ga be**

Seite 8

Alle Aussagen sind richtig.

Seite 9

1. schp schreibt man immer sp, scht schreibt man immer st.
2. Den Laut kw schreibt man **immer qu**.

Seite 10

3. Hän ge, blin ken, Zan ge, die Klin ke, lan ge, wan ken, Wan ge, zan ken

4. die Wäsche,   die Taschen,   die Flaschen,   die Maschen,   die Fische

5. linker Kasten: Tü cher, Bü cher, Su che, Bu che, rie chen, Seu che
   rechter Kasten: lachen, wachen, machen, Sache, Löcher, kochen
   Bei den Wörtern im linken Kasten spricht man die erste Silbe offen, im rechten Kasten spricht man sie geschlossen.
6. Ergebnis: Du hörst kk und schreibst ck.
7. Beides geht.

> Besonderheiten an der Silbengrenze:
> kk = ck
> zz = tz
> Der Kreuzbogen gilt für sch und ch.

Seite 11

1. Ro se, Ra sen, Bö se, die erste Silbe ist offen.
   Ros se, Ras se, Bos se, die erste Silbe ist geschlossen.
   Jetzt weißt du: Wenn die erste Silbe offen ist, wird der Konsonant nicht verdoppelt.
   Wenn die erste Silbe geschlossen ist, wird der Konsonant verdoppelt.
2. b oder bb: der Knabe, krabbeln, wabbeln, der Nebel, knibbeln
   f oder ff: der Ofen, offen, der Löffel, pfiffig, schlafen
   m oder mm: der Name, kommen, der Samen, sammeln
   l oder ll: holen, Frau Holle, die Hölle, die Höhle, wollen
3. Richtige Antworten:

Im linken Kasten	Im rechten Kasten
Bei diesen Wörtern ist die erste Silbe geschlossen. An der Silbengrenze stehen zwei verschiedene Konsonanten.Wenn an der Silbengrenze zwei verschiedene Konsonanten stehen, wird nicht verdoppelt.	Bei diesen Wörtern ist die erste Silbe geschlossen. An der Silbengrenze stehen zwei gleiche Konsonanten.

4. die Sense, der Sessel, die Schwester, der Pinsel, das Messer, die Läuse, die Häuser, der Esel, die Weste, winseln, rasen, der Meister, gestern, die Rasse, die Reste, das Pflaster, messen, die Klasse, das Wasser

© Cornelsen Verlag Scriptor, Berlin • Diagnostizieren & Fördern • Deutsch • 5/6

RECHTSCHREIBEN

LÖSUNGEN ZU DEN ÜBUNGSBEREICHEN 1 BIS 3

Seite 12

1. das Werk – der Ber**g**, der Zwer**g**   Man spricht k und schreibt g.
   der Piep – der Sta**b**, das Sie**b**   Man spricht p und schreibt b.
   der Rat – das Ra**d**, das Ba**d**   Man spricht t und schreibt d.
   Die Wörter haben alle eine Silbe.
   Erklärung: Zum Schwingen braucht man zwei Silben, Einsilber haben keine Silbengrenze.

2. der Ber**g** – die Berge, der Zwer**g** – die Zwerge, der Sta**b** – die Stäbe, das Sie**b** – die Siebe
   das Ra**d** – die Räder, das Ba**d** – die Bäder

3. der Ba**ll** – die Bälle,   der Schwa**mm** – die Schwämme,   der Zo**ll** – die Zölle,
   kru**mm** – krummer,   schne**ll** – schneller,   dü**nn** – dünner,   kä**mm**t – kämmen,
   re**nn**t – rennen,   ha**ss**t – hassen,   be**ll**t – bellen,   ke**nn**t – kennen,   kli**rr**t – klirren
   Das Problem löst man durch Verlängern.

Seite 13

4. der Ze**h** – die Zehen,   die Ku**h** – die Kühe,   das Re**h** – die Rehe

5. der Erfol**g** – die Erfolge,   der Ertra**g** – die Erträge,   der Verban**d** – die Verbände
   der Betru**g** – der Betrüger,   der Betrie**b** – die Betriebe,   der Aben**d** – die Abende
   Ergebnis: Die Problemstelle befindet sich am Ende des Wortes.

6. der Kor**b**, run**d**, dummer, Erfol**g**, die Wan**d**, rennen, gesun**d**, der Sar**g**, kräfti**g**, der Mon**d**, die Wellen, der Anzu**g**,
   der Rau**b**, die Suppe, das Bil**d**, der Stran**d**, der Vertra**g**, der Gepar**d**, schwimmen
   Nicht verlängern muss man: dummer, rennen, die Wellen, schwimmen.
   Begründung: Man muss nicht verlängern, weil sie Zweisilber sind und keinen unklaren Auslaut haben.

7.

Einsilber	Zweisilber
Korb – Körbe, rund – runder, Wand – Wände, Sarg – Särge, Mond – Monde, Raub – Raube, Räuber, Bild – Bilder, Strand – Strände	Erfolg – Erfolge, gesund – gesunder, kräftig – kräftiger, Anzug – Anzüge, Vertrag – Verträge, Gepard – Geparden

8. Verlängern hilft bei Einsilbern.
   Verlängern ist die Strategie für das Wortende.

Seite 14

Regentag
Rot markierte Wörter: steht, glotzt, rotzt, rinnt, spinnt, fällt, hält
Verlängerungswörter: stehen, glotzen, rotzen, rinnen, spinnen, fallen, halten

1. Wal**d**brand Han**d**balltor Stran**d**ba**d**eintri**tt** Bre**nn**stoff Kle**b**stoffreste Schne**ll**lauf

2. Dabei hilft die Strategie Verlängern.
   Han**d**/ba**ll**/tor – die Hände, die Bälle; Stran**d**/ba**d**/eintritt – die Strände, die Bäder, die Eintritte;
   Bre**nn**/stoff – brennen, die Stoffe – Kle**b**/stoff/reste – kleben, die Stoffe,
   Schne**ll**/lauf – schneller

Seite 15

Schu**b**/karre – die Schübe; Wüsten/re**nn**/maus – rennen, die Mäuse; Mun**d**/winkel – die Münder;
Blin**d**/darm – blinder; Schla**mm**/schlacht – die Schlämme; Flu**g**/zeug/konstrukteur:
die Flüge, die Zeuge; Tor/wan**d**/schießen – die Wände; Wander/ru**ck**/sa**ck** – der Rücken, die Säcke;
Bre**nn**/glas/weite – brennen, die Gläser; Bil**d**/band/hersteller – die Bilder, die Bände;
Sommer/win**d** – die Winde; Schu**h**/größe – die Schuhe; Kla**pp**/ra**d**/lenker – klappen, die Räder;
Win**d**/rad/höhe – die Winde, die Hand/schu**h**/größe – die Hände, die Schuhe;
Aben**d**/brot – die Abende; Gebur**ts**/ta**gs**/karte – die Geburten, die Tage

© Cornelsen Verlag Scriptor, Berlin • Diagnostizieren & Fördern • Deutsch • 5/6

RECHTSCHREIBEN

LÖSUNGEN ZU DEN ÜBUNGSBEREICHEN 1 BIS 3

Seite 16

4. **Nachsilben**

end|lich| – das Ende
freund|lich| – die Freunde
häus|lich| – die Häuser
schreck|lich| – der Schrecken
Kund|schaft| – die Kunden
Hoff|nung| – hoffen
Hand|lung| – das Handeln

Vorsilben

|zer|drückt – drücken
|be|kennt – kennen
|ver|sorgt – sorgen
|be|liebt – lieben
|ent|sorgt – sorgen
|ge|sagt – sagen
|be|kennt – kennen

Vor- und Nachsilben

|ver|wund|bar| – die Wunden
|un|künd|bar| – die Kündigung
|un|freund|lich| – die Freunde
|Ver|hand|lung| – handeln
|Ver|wand|lung| – wandeln
|vor|bild|lich| – Bilder
|un|kennt|lich| – kennen

5. |Be|hand|lungs|/zimmer – handeln; |Un|künd|bar|keit| – die Kündigung; |Ver|gnüg|lich|/|keit| – vergnügen;

Papp/nasen/|an|sammlung – die Pappe, sammeln; Renn/maus/|be|weg|lich|keit| – rennen, bewegen, die Mäuse;

Schwimm/flossen/knapp|heit| – schwimmen, knapper; Schnell/lauf/wett/|be|werb – werben, wetten, schneller

6. Zerlegen hilft bei zusammengesetzten Wörtern.
Zerlegen hilft, das Ende von Wörtern zu finden.
Zerlegen hilft, versteckte Einsilber zu finden.
Zerlegen hilft, Wörter zu verstehen.

Seite 17

1. hält ist verwandt mit halten, der Bäcker – backen, die Hände – Hand
2. läuten – laut, häuten – die Haut, die Mäuse – Maus
Mit ä und äu schreibt man ein Wort in der Regel nur, wenn es ein verwandtes Wort mit a oder au gibt.
3. Gärten – Garten, Hänsel – Hans, Kälte – kalt, mächtig – Macht, Fläche – flach, schälen – Schale, Gänse – Gans, Wärme – warm, lächeln – lachen, Länge – lang, Gedränge – Drang, Bär – ?, Dämme – Damm, Äste – Ast, Mähne – ?, Händler – handeln
Für diese zwei Wörter findest du keine Verwandten: Bär, Mähne
4. Gebäude – Bau, Läuse – Laus, Schäume – Schaum, Däumling – Daumen, Träume – Traum, säuerlich – sauer, Läufer – laufen, gräulich – grau, bläulich – blau

Seite 18

Gruppe 1
denn, wann, dann, und, als, doch, denn, dies, vielleicht, irgend, wenn, bin, warum, heraus ob, sie, ab, plötzlich, jetzt, wie, also, herein, deshalb, darum, nirgends, bald, einmal, stets, trotzdem, zuletzt

Einsilber	Zweisilber
denn, wann, dann, und, als, doch, denn, dies, wenn, bin, durch, ob, sie, ab, jetzt, wie, also, bald, stets	vielleicht, irgend, warum, heraus, plötzlich, herein, deshalb, darum, nirgends, einmal, trotzdem, zuletzt

24 © Cornelsen Verlag Scriptor, Berlin • Diagnostizieren & Fördern • Deutsch • 5/6

RECHTSCHREIBEN

LÖSUNGEN ZU DEN ÜBUNGSBEREICHEN 1 BIS 3

Gruppe 3

ah/äh	eh	oh/öh	uh/üh
während, fahren, zahlen, ähneln, gähnen, die Fahne, der Rahmen, wahr, das Mahl, der Kahn, der Hahn	stehlen, mehr, sehr, kehren, nehmen, der Lehrer, das Mehl, wehren, dehnen	ohne, wohnen, das Ohr, hohl, wohl, das Fohlen, die Sohle, die Höhle, der Sohn, die Bohne, der Mohn	kühl, die Mühle, führen, die Uhr, rühren, die Kuhle

Seite 19
1. der Becher, der Kuchen, die Sahne, der Zucker, das Mehl, der Hund, die Katze, das Butterbrot
2. Gibst du mir den Becher? Mit der Sahne mag ich den Kuchen noch lieber.
   Ich habe zu viel von dem Zucker und zu wenig von dem Mehl für den Kuchen abgemessen, aber der Duft des Gebäcks ist wunderbar. Mit dem Hund und der Katze habe ich nette Haustiere. Sie naschen am liebsten von den Butterbroten.
3. Meine gefräßigen Haustiere, einen Kuchen, manche Zutaten, vom Zucker, mein Kuchen, zwei Katzen, drei Hunden, nette Haustiere, von meinem leckeren Kuchen

Seite 20
1. Mir laufen Tränen über das Gesicht.
2. Nomen sind:
   der Teufelskopffalter, die Nacht, vier Flügel, die Köpfe, vier Teufeln, beim Fliegen, vier Augen, der Mond, im Mondlicht, seine Augen, Edelsteine, sechs Augen, an den Flügeln, am Körper, der Teufelskopffalter, ein Exemplar

Seite 21
Nomen sind:
das Dach, die Köstlichkeiten, die Minze, das Täubchen, die Wachteln, die Honigmilch, der Festmahlstisch, die Luft, die Minze, der Appetitanreger, die Minze, die Genüsse, der First, die Terrasse, das Moos, der Garten, der Urwald, der Dachstuhl, der Boden, die Gräser, das Unkraut, die Pfoten, das Gestrüpp, der Jäger, die Pirsch, die Düfte, die Milch, der Honig, die Disteln, der Weg, die Lanzen, die Krallen, die Seite, die Beute, die Pfoten, der Busch, die Gräser, das Mal, der See, die Milch, die Fläche, die Boote, der Wind, das Schilf, die Passagiere, das Täubchen, die Fische, die Puppenkleider, das Schirmchen, das Papier

RECHTSCHREIBEN

LERNFORTSCHRITTSERMITTLUNG

Name: _____ Klasse: _____ Datum: _____

Schreibe die diktierten Wörter jeweils in die Lücke!	Diese Spalten füllt dein Lehrer aus:		
	Stufe I	Stufe II	Stufe III
1. Einige Tage später lag Sören im Bett und las. Nachmittags hatte er sich noch, _____ von seinem Vater, _____ geliehen, um seinen _____ zu reparieren, damit er wieder sicher am _____ teilnehmen konnte.			
2. Nun las er den neuesten Harry-Potter-Band, als er plötzlich ein Rascheln hörte. Es hörte sich an, als ob etwas Kleines über den Tisch _____, aber dort sah er nur seinen alten _____ und ein _____, das von der letzten Reinigungsaktion liegengeblieben war.			
3. Sein Buch war eigentlich zu _____, um es zu unterbrechen, doch er war auch _____, ____ es eine _____ für das Rascheln gab.			
4. ____ nichts da wäre, würde es ja auch nicht rascheln.			
5. Also ging er vorsichtig zum Tisch, rückte seine _____ zur Seite und sah sofort ein Huschen: Ein _____ hatte sich an dem _____ zu schaffen gemacht, den er nachmittags mit in sein Zimmer genommen hatte.			
6. Dann ging alles ganz rasch: Der kleine _____ merkt, dass er entdeckt ist, _____ alles stehen und liegen und _____ weg.			
7. Sören konnte gar nicht so schnell gucken, da war das Tier schon hinter der Fußleiste verschwunden. Was nun? Eigentlich müsste Sören seinen Vater über den ungebetenen Gast informieren. Eigentlich ... Aber sein Vater sagte ja immer: Es ist _____, sich beim _____ nicht stören zu lassen. Also: Zurück zu „Harry Potter".			
	(von 11)	(von 18)	(von 14)

26

© Cornelsen Verlag Scriptor, Berlin • Diagnostizieren & Fördern • Deutsch • 5/6

RECHTSCHREIBEN

DIKTIERVORLAGE/AUSWERTUNG LERNFORTSCHRITTSERMITTLUNG

Strategieorientierte Fehlerzuordnung (Details s. S. 5)					
Stufe I	Stufe II				Stufe III
Schwingen	Verlängern	Ableiten	Merken	Zerlegen	Groß-/Klein-schreibung

	Stufe I	Stufe II	Stufe III
Fehler an anderen Stellen als den unterstrichenen sollten in der Regel Stufe I zugeordnet werden. Treten in einem Wort Fehler unterschiedlicher Stufen auf, sollten sie in beiden Spalten gezählt werden.			
1. Einige Tage später lag Sören im Bett und las. Nachmittags hatte er sich noch, **hauptsächlich** von seinem Vater, **Werkzeug** geliehen, um seinen **Fahrradsattel** zu reparieren, damit er wieder sicher am **Verkehr** teilnehmen konnte.	hauptsäch-lich Werkzeug Fahrradsattel	hauptsäch-lich Werkzeug Fahrradsattel Verkehr (F statt V)	hauptsäch-lich Werkzeug Fahrradsattel Verkehr (v statt V)
2. Nun las er den neuesten Harry-Potter-Band, als er plötzlich ein Rascheln hörte. Es hörte sich an, als ob etwas Kleines über den Tisch **tobte**, aber dort sah er nur seinen alten **Nussknacker** und ein **Staubtuch**, das von der letzten Reinigungsaktion liegengeblieben war.	Nussknacker Staubtuch	tobte Nussknacker Staubtuch	Nussknacker Staubtuch
3. Sein Buch war eigentlich zu **spannend**, um es zu unterbrechen, doch er war auch **neugierig**, **ob** es eine **Erklärung** für das Rascheln gab.	spannend neugierig	spannend neugierig ob Erklärung	neugierig Erklärung
4. **Wenn** nichts da wäre, würde es ja auch nicht rascheln.		Wenn	Wenn
5. Also ging er vorsichtig zum Tisch, rückte seine **Tasche** zur Seite und sah sofort ein Huschen: Ein **Mäuschen** hatte sich an dem **Quarkkuchen** zu schaffen gemacht, den er nachmittags mit in sein Zimmer genommen hatte.	Tasche Mäuschen Quarkkuchen	Mäuschen Quarkkuchen	Tasche Mäuschen Quarkkuchen
6. Dann ging alles ganz rasch: Der kleine **Dieb** merkt, dass er entdeckt ist, **lässt** alles stehen und liegen und **rennt** weg.		Dieb lässt rennt	Dieb
7. Sören konnte gar nicht so schnell gucken, da war das Tier schon hinter der Fußleiste verschwunden. Was nun? Eigentlich müsste Sören seinen Vater über den ungebetenen Gast informieren. Eigentlich ... Aber sein Vater sagte ja immer: Es ist **wichtig**, sich beim **Lesen** nicht stören zu lassen. Also: Zurück zu „Harry Potter".	wichtig	wichtig	Lesen
Falsch geschriebene Wörter:	(von 11)	(von 18)	(von 14)

© Cornelsen Verlag Scriptor, Berlin • Diagnostizieren & Fördern • Deutsch • 5/6

SCHREIBEN

LERNSTANDSERMITTLUNG

Name: _____ Klasse: _____ Datum: _____

Schreibe einen Brief an eine Freundin, die nach der Grundschule in eine andere Stadt gezogen ist. Du informierst deine Freundin über deine neue Schule. Dazu benutzt du eine Anrede/Grußformel (Liebe Miriam) und schreibst anschließend in einem Hauptteil, wie deine neue Schule ist (zum Beispiel: Gebäude, Lehrer, Mitschüler, Fächer, die du neu hast). Am Ende des Briefs verabschiedest du dich mit einer Schlussformel.

SCHREIBEN

LÖSUNGEN, FEHLERANALYSE UND FÖRDEREMPFEHLUNG

Prinzip: Erkennen von schon vorhandenen Kompetenzen und an Stärken anknüpfen	
Erkennbare Kompetenzen in den Stufen:	**Lernbedarf für die drei Stufen:**
Grundstufe • Eine normierte Struktur ist erkennbar: Der Brief ist in drei Abschnitte unterteilt (Einleitung, Hauptteil und Schluss), wenn auch nicht unbedingt durch Absätze getrennt. • Die Quantität entspricht in Ansätzen der Norm der Textsorte: Der Hauptteil umfasst unterschiedliche Beschreibungselemente über die neue Schule und entspricht damit formal der Erwartung, dass Wesentliches im Hauptteil übermittelt wird. • Eine grundlegende Schreibkompetenz ist insofern erkennbar, als der Schüler sich – in Ansätzen – an einen imaginären Leser richten kann (adressatenbezogenes Schreiben): Er kann diesem Leser Informationen so vermitteln, dass dieser ohne fundamentale Fehlinterpretation die Grundaussage entnehmen kann (sachorientiertes Schreiben).	• die normativ vorgegebene Struktur/ein Layout (Briefformat: linksbündig schreiben, rechts und links Rand lassen, drei deutlich gegliederte Teile) als Format kennen und beschreiben und nach Vorlage anwenden können. • die Dreigliedrigkeit Grußformel (Anrede), Hauptteil/Anliegen, Schlussformel in ihrer grundlegenden Funktion kennen und auch optisch deutlich erkennbar anwenden können. • das Anliegen des Briefes (erste allgemeine Information über die Schule) mit Hilfe von Formulierungsvorgaben so formulieren können, dass der Adressat keine zu große Entschlüsselungstechniken anwenden muss: – keine grundlegend sinnentstellenden Rechtschreibfehler oder syntaktischen Regelverstöße – keine zu großen Leerstellen in der Informationsübermittlung, d. h., der Leser muss nicht einen sinnvollen Kontext selbst erstellen (optimiertes sach- und adressatenorientiertes Schreiben). **Nutzen Sie das Material aus Übungsbereich 1.**
Mittlere Stufe • Eine normierte Struktur ist erkennbar: Der Brief ist in drei Abschnitte unterteilt; Einleitung (Grußformel), Hauptteil und Schluss entsprechen optisch deutlich der Norm der Textsorte Brief (Trennung durch Absätze, Hauptteil am umfangreichsten). • Der Brief wird inhaltlich weitgehend adressatenbezogen formuliert; wesentliche inhaltliche Aspekte, grundlegende Informationen über die neue Schule können so formuliert werden, dass sich der Leser ein erstes Bild machen kann. • Narrative Elemente (und dann, und da), sogenannte Konnektoren, werden verwendet, geübte Formulierungen können abgerufen werden, wenn auch zum Teil ohne Variation.	• eine normativ vorgegebene Struktur und ein ansprechendes Layout (Briefform) sicher und optisch ansprechend anwenden können und orthographisch weitgehend regelgerecht schreiben können. • einen stimmigen, d. h. in der einmal gewählten Szenerie bleibenden Ablauf schreiben können (die einzelnen Sätze durch unterschiedliche Konnektoren so verknüpfen, dass der Leser wenig „Übersetzungsstrategien" benötigt). • die Möglichkeiten sprachlicher Variation nutzen. • die Elemente der Beschreibung (im Sinne der Leserorientierung vom Bedeutsamen zum eher Unbedeutsamen) in einer geordneten Reihenfolge darbieten können. • Gruß- und Schlussformel adressatenbezogen variieren (z. B. angemessen zwischen „Lieber" und „Sehr geehrter" unterscheiden). **Nutzen Sie das Material aus Übungsbereich 2.**
Obere Stufe • Die normierte Struktur wird beherrscht: Der Brief ist in drei Abschnitte unterteilt; Einleitung (Grußformel), Hauptteil und Schluss entsprechen optisch und inhaltlich deutlich der Norm. Der Hauptteil ist umfangreich und durch Absätze gegliedert. • Der Brief wird inhaltlich adressatenbezogen formuliert; wesentliche inhaltliche Aspekte, grundlegende Informationen über die neue Schule können so formuliert werden, dass sich der Leser ein deutliches Bild machen kann. • Variable narrative Elemente (Haupt- und Nebensatzstrukturen, unterschiedliche Satzanfänge, ausschmückendes Vokabular) werden grundlegend verwendet, geübte Formulierungen können sicher abgerufen werden.	• die normativ vorgegebene Struktur und ein ansprechendes Layout (Briefform) optisch fehlerfrei und handschriftlich ansprechend anwenden können. • einen stimmigen Text schreiben können, (Verknüpfungen der einzelnen Sätze durch unterschiedliche Konnektoren und anhand eines sicheren und variablen Wortschatzes), sodass der Leser keine „Übersetzungsstrategien" benötigt. • den Adressaten auch – außerhalb der geübten Textbausteine – individuell ansprechen können. • die Abfolge der einzelnen Elemente der Beschreibung (im Sinne der Leserorientierung vom Bedeutsamen zum eher Unbedeutsamen) in einer deutlich geordneten Reihenfolge darbieten können. • die Kenntnisse so beherrschen können, dass an eigenen und fremden fehlerhaften „Briefen" Korrekturen begründet möglich sind. **Nutzen Sie das Material aus Übungsbereich 3.**

SCHREIBEN

ÜBUNGSBEREICH 1

In Übungsbereich 1 übst du, deinen Brief gut zu gliedern und so zu schreiben, dass es für den Leser des Briefes einfach ist, ihn zu verstehen.

Ein Brief an deine ehemalige Lehrerin an der Grundschule
Briefe gliedern und adressatengerecht formulieren

Wenn du einen Brief an deine ehemalige Lehrerin von der Grundschule schreiben möchtest, dann gibt es viele Dinge, an die man vor dem Losschreiben denken sollte. Also geht es los mit der Planung.

Planung
Gehe die fünf Schritte der Planung durch:

1. Vorbereitung für die Grußformel
Wem genau wirst du den Brief schreiben? Schreibe es auf:

_____

Dann entscheidest du, ob du lieber „Sehr geehrte Frau Müller"
oder „Liebe Frau Müller" als Anrede wählen wirst.

Ich wähle _____

2. Vorbereitung für die Einleitung
Was willst du in deinem ersten Satz, der deinen Brief einleitet, schreiben?
Wähle aus:
1. Jetzt bin ich schon drei Wochen auf der neuen Schule, und da wollte ich mich einmal bei Ihnen melden.
2. Wir besprechen gerade im Unterricht, wie man richtig Briefe schreibt, und da kam mir die Idee, Ihnen einen Brief zu schreiben.
3. Sicherlich wollen Sie wissen, wie es mir auf der neuen Schule geht.
4. Seit über zwei Monaten bin ich schon nicht mehr auf der alten Schule. Da wollte ich mich doch unbedingt mal melden.
5. Sie haben meine kleine Schwester/meinen kleinen Bruder gefragt, wie es mir auf der neuen Schule geht. Deshalb schreibe ich Ihnen mal kurz.
6. Vielleicht fällt dir noch ein anderer Einleitungssatz ein: _____

_____

Ich entscheide mich für Nummer: _____

Nach der Einleitung machst du einen Absatz, damit die Leserin weiß, dass deine Einleitung fertig ist.

Du hast dich für eine Nummer (von 1 bis 6) entschieden und dein Schreibziel gefunden. Jetzt weißt du ganz genau, wem und warum du deinen Brief schreiben willst. Damit hast du ein Planungsziel schon erreicht. Herzlichen Glückwunsch!

SCHREIBEN

ÜBUNGSBEREICH 1

3. Vorbereitungen zum Inhalt

Bevor du nach der Einleitung weiter schreiben kannst, musst du dich fragen, was du mitteilen willst und in welcher Reihenfolge du das machen willst.

Dazu machst du dir einfach eine **Informationsliste**, so ähnlich wie ein Einkaufszettel.

> Diese Liste besteht aus drei Punkten:
> **1.** Allgemeine Informationen zur neuen Schule
> **2.** Ich und meine Klasse
> **3.** Neue Fächer und neues Lernen

Schreibe in Stichpunkten auf, was du schon weißt.

1. Informationen (allgemein) zur Schule
- Name der Schule (vielleicht Adresse, Stadtteil) _____
- Größe der Schule (Anzahl der Schüler und Lehrer) _____
- Gebäude:
  Ist es so ähnlich wie die Grundschule? _____

  Was ist ganz anders? _____
- Was gibt es zusätzlich? _____
- Was ist besonders auffällig? _____

2. Informationen zur Klasse
- In welcher Klasse bist du? _____
- Wie viele Schüler seid ihr? _____
- Wie viele Jungen und Mädchen sind in deiner Klasse? _____

3. Informationen zu den Fächern
- Was macht dir besonders Spaß? _____
- Was hat dich erstaunt? _____
- Was vermisst du? _____
- Willst du noch etwas anderes berichten? _____

  Du weißt jetzt, zu welchen Fragen du noch Informationen brauchst.

> *Wenn dir Informationen fehlen, kannst du fragen: deine Mitschüler, deine Lehrer, deine Eltern, deine Freunde.*

SCHREIBEN

ÜBUNGSBEREICH 1

4. Vorbereitungen für den Hauptteil
Ein Hauptteil muss eine bestimmte Reihenfolge enthalten, sonst wird es für deine Leserin zu anstrengend. Du kannst die drei Punkte der Informationsliste übernehmen, dann hast du schon eine gute Reihenfolge.

Schreibe diese drei Punkte noch einmal hin:

1. _____

2. _____

3. _____

5. Vorbereitungen für den Schlussteil
Jeder Text – so auch der Brief – hat einen Schlussteil oder auch nur einen Schluss-Satz.
(Die Grußformel – Liebe Grüße – zählt nicht dazu.)
Der Schluss rundet das, was du geschrieben hast, mit einer persönlichen Bemerkung ab.
Dazu gibt es viele Möglichkeiten, hier ist eine kleine Auswahl:

Kreuze die Formulierung an, die dir am besten gefällt:
- ❏ Vielleicht freuen Sie sich, von mir einmal zu hören.
- ❏ Ich hoffe, dass Sie sich über meinen Brief freuen und …
- ❏ Das wär's einmal. Vielleicht möchten Sie noch mehr erfahren, dann (schreiben/anrufen/mailen) …
- ❏ Jetzt habe ich ganz viel von mir berichtet. Natürlich hoffe ich, dass es auch Ihnen gutgeht.
- ❏ Jetzt mache ich erst einmal Schluss. Bitte grüßen Sie mir auch …

Vielleicht hast du noch eine andere Idee: _____
_____

Schreiben eines ersten Entwurfs

Jetzt kannst du deinen Brief schreiben. Du musst nur noch die Lücken füllen. Nutze für den ersten und den letzten Satz die Übungen von eben!
(Vorname Name)   (Ort, Datum)

_____   _____

Grußformel mit Komma

Liebe Frau _____,

_____

Diese Schule ist viel größer als meine alte Schule, sie hat _____

SCHREIBEN

ÜBUNGSBEREICH 1

_____

Eine Besonderheit meiner neuen Schule ist _____

_____

Ich bin in die Klasse _____

Auch die Klasse ist viel größer als _____,

wir sind _____ Mädchen und _____ Jungen. Außerdem gibt es ganz neue Fächer, z. B. haben wir

_____ und _____

Unsere Klassenlehrerin heißt _____, sie ist _____

Besonders viel Spaß macht mir das Fach _____, dort dürfen

wir _____. Mir gefällt nicht so gut, dass _____

_____

Wir können uns auch etwas zu essen und trinken kaufen, dazu müssen wir _____

_____

Ganz anders ist hier _____

In der Grundschule konnten wir _____,

das vermisse ich _____. Dafür können wir in der neuen

Schule _____

Ich hoffe, dass Sie jetzt ein bisschen mehr über meine neue Schule wissen.

_____

_____

Ihr/Ihre

_____

SCHREIBEN

ÜBUNGSBEREICH 1

Überarbeitung

Jetzt hast du einen ersten Entwurf geschrieben. Einen Entwurf muss man prüfen und verändern.
- Stell dir deine Grundschullehrerin vor, wie sie deinen Brief vor sich hin liest. Dazu liest du dir deinen Brief halblaut/flüsternd vor.
- Vielleicht kannst du deinen ersten Entwurf jemandem vorlesen.

Sicherlich kannst du noch etwas verbessern.

Hake die Punkte ab, von denen du glaubst, dass du sie richtig gemacht hast.
1. Ich habe den Namen der neuen Schule richtig geschrieben. ❏
2. Ich habe nach der Anrede (Liebe Frau Müller) das Komma gesetzt. ❏
3. Ich habe einen Einleitungssatz geschrieben, damit die Leserin weiß, warum ich den Brief schreibe. ❏
4. Ich habe zu allen drei Punkten (siehe Informationsliste auf Seite 31) mindestens zwei Sätze geschrieben. ❏
5. Ich habe bei den Satzanfängen „auch/besonders/außerdem/dort" benutzt. ❏
6. Ich habe bei schwierigen Wörtern im Wörterbuch nachgeschaut (mindestens bei drei Wörtern). ❏
7. Ich habe Frau Müller mit „Sie" angeschrieben. ❏
8. Ich habe einen Schluss-Satz geschrieben. ❏
9. Ich habe unterschrieben (du kannst auch nur mit dem Vornamen unterschreiben). ❏

Bestimmt hast du einige Punkte gut beachtet. Herzlichen Glückwunsch!

Korrigieren und überschreiben

Gehe die neun Punkte noch einmal durch und verbessere das, was du noch nicht beachtet hast. Das schreibst du einfach in deinen Entwurf hinein (über oder unter deine Sätze).
Vielleicht benutzt du dazu eine andere Farbe, damit du deine eigenen Verbesserungen gut erkennen kannst.
Wenn du zu Punkt 4 noch einmal deinen Text genauer überarbeiten musst, dann schau dir doch nochmal genau den Vorschlag auf Seite 33 an. Die Anfänge kannst du übernehmen.

> *Tipps zum Nachdenken: Ein Brief wandert viele Wege und landet in einem fremden Haus.*
> *Er flattert sozusagen als Geschenk in eine fremde Wohnung. Deshalb:*
> *Es darf nichts Negatives geschrieben werden, denn du bist ja höflich (keine Schimpfwörter).*
> *Dein Brief sollte ordentlich gestaltet sein, damit die Empfängerin sich darüber freuen kann.*

Geschafft!
Du bist bestens vorbereitet und kannst jetzt tolle Briefe schreiben.
Jetzt nimmst du ein leeres liniertes Blatt, legst deinen verbesserten Brief daneben und schreibst deinen Brief. Hoffentlich verschreibst du dich nicht. Deine ehemalige Lehrerin wird sich über einen Brief von dir sicherlich sehr freuen. Schickst du ihn ab?

SCHREIBEN

ÜBUNGSBEREICH 2

Ein Brief an eine Freundin deiner Mutter
Briefe sinnvoll aufbauen und adressatengerecht strukturieren

Frau Beate Hinterhuber, eine Freundin deiner Mutter, hat dich gebeten, ihr einen kurzen Brief über deine neue Schule zu schreiben. Sie schafft es nicht, zum Tag der Offenen Tür zu kommen. Deshalb bittet sie dich um ein paar Informationen zu deiner Schule.
Es gibt viele Dinge, an die man vor dem Losschreiben denken sollte.

In Übungsbereich 2 übst du, deinen Brief sinnvoll aufzubauen und so zu schreiben, dass für den Leser der Aufbau gut nachvollziehbar ist.

Planung
Zunächst musst du dir überlegen, was genau du schreiben wirst. Dazu stellst du dir am besten Fragen, die zu beantworten sind.

1. Vorbereitungen zum Inhalt: Sammeln
Frau Hinterhuber hatte zu deiner Mutter gesagt, dass sie einen nicht so langen Brief erhalten möchte. Also darf der Brief nicht länger als zwei Seiten werden. Das heißt, dass du nicht alles schreiben kannst, was du vielleicht für wichtig und interessant hältst.

Jetzt geht es an die Überlegungen zum konkreten Inhalt. Dazu hilft eine **Informationsliste**. Schreibe in kurzen Stichpunkten auf, was dir zu den Fragen (es müssen nicht alle beantwortet sein), einfällt.

Informationen (allgemein) zur Schule
1. Name der Schule (vielleicht Adresse, Stadtteil). _____
2. Größe der Schule (Anzahl der Schüler und Lehrer). _____
3. Wie ist das Gebäude, ist es so ähnlich wie deine alte Schule oder ganz anders? _____
4. Gibt es mehr Lehrer als an deiner Grundschule? _____
5. Was gibt es zusätzlich? _____
6. Was ist besonders auffällig? _____
7. Was gefällt dir besonders gut? _____
8. Fällt dir eine weitere Frage ein? _____

Informationen zur Klasse
9. In welcher Klasse bist du? _____
10. Wie ist die Klasse eingerichtet? _____
11. Wie viele Schüler seid ihr? _____
12. Wie ist das Verhältnis Jungen zu Mädchen? _____
13. Gibt es noch etwas, was die Freundin deiner Mutter vielleicht wissen will? _____

SCHREIBEN

ÜBUNGSBEREICH 2

Informationen zu den Fächern

14. Was macht dir besonders Spaß? _____

15. Was hat dich erstaunt? _____

16. Was vermisst du? _____

Zu welchen Fragen brauchst du Informationen?
Ich brauche noch Informationen zu der Frage: _____

Diese Frage kann mir _____ beantworten (hoffentlich).

2. Vorbereitungen für die Grußformel: die richtige Entscheidung treffen
Wie willst du die Freundin deiner Mutter ansprechen?
Entscheide dich, ob du lieber „Sehr geehrte Frau Müller" oder „Liebe Frau Müller" oder „Liebe Beate" als Anrede wählen wirst:
Ich entscheide mich für die Anrede: _____, weil _____

3. Vorbereitung für die Einleitung: eine elegante Lösung finden
Wie willst du nach der Begrüßungsformel einleiten?
Der Anfang könnte ungefähr so lauten:
Meine Mutter hat mir erzählt, dass Sie sich für unsere Schule interessieren/dass du dich für unsere Schule

interessierst, es aber nicht _____

Versuche einen anderen Anfangssatz zu formulieren:

Ich schreibe Ihnen diesen Brief, weil _____

Schreibe eine weitere Idee für einen Anfangssatz auf: _____

Nach der Einleitung machst du einen Absatz, damit Frau Hinterhuber weiß, dass die Einleitung abgeschlossen ist.

4. Vorbereitung für den Hauptteil: Ordnen und Entscheiden
Damit Frau Hinterhuber sich orientieren kann, solltest du nicht durcheinanderschreiben, also nicht z. B. erst die Beschreibung des Gebäudes, dann dein Tischnachbar, dann der Schulweg, dann wieder etwas zum Gebäude.
Dein Hauptteil muss eine bestimmte Reihenfolge enthalten. Mit deinen Formulierungen nimmst du Frau Hinterhuber gedanklich an die Hand und führst sie durch deine neue Schule.

SCHREIBEN

ÜBUNGSBEREICH 2

Jetzt schaust du dir deine ausgefüllte Informationsliste genau an. Vielleicht hast du zu allen Fragen etwas aufgeschrieben und musst nun entscheiden, was du davon übernehmen willst. Du schreibst bitte hinter alle Punkte eine kurze Bemerkung: muss ich aufnehmen/dazu will ich viel schreiben/dazu will ich wenig schreiben/das kann ich weglassen.

Entwurf und Überarbeitung

1. Der erste Entwurf zum Hauptteil
Du nimmst dir ein leeres liniertes Blatt, legst deine ausgefüllte Informationsliste daneben und schreibst in ganzen Sätzen deine Punkte zusammen. Du lässt hinter jeder beschriebenen Linie eine Linie frei. Die freien Linien brauchst du für deine Überarbeitung. Beginne mit der Einleitung, die du dir überlegt hast.

Übrigens: Auch Schriftsteller und Zeitungsleute überarbeiten ihre Texte mehrere Male, bevor sie ihren Text wegschicken.

Lies dir dann bitte das, was du geschrieben hast, leise durch.

2. Die erste Überarbeitung des Hauptteils
- Führst du Frau Beate Hinterhuber gut durch deine Schule? Kann sie sich vorstellen, was du berichten willst?
  Vielleicht musst du noch mehr Adjektive (Wiewörter) benutzen: groß, grau, bunt, laut, lustig, streng, ungewöhnlich, anstrengend, freundlich, interessant, neu, verschieden
- Klingt dein Entwurf langweilig?
  Vielleicht fehlen ein paar Verbindungswörter wie: Erst einmal/außerdem/zusätzlich gibt es/meistens müssen/jeden Morgen wird/hier ist es üblich, dass/auch/schließlich hat jeder/deshalb/dann/zum Schluss möchte ich/
- Hast du auch schwierige Wörter richtig geschrieben?
  Profis schauen immer wieder in das Wörterbuch. Mach es auch so.
  Deine Verbesserungsvorschläge trägst du in die leeren Linien ein.

3. Die zweite Überarbeitung des Hauptteils
Also: auf ein Neues.
Schreibe auf einem neuen Blatt den Brief nochmals. Schreibe dabei einen flüssiger klingenden Hauptteil, deine Überarbeitung benutzt du dafür! Lass wieder nach jeder Zeile eine Linie frei.
Klasse, damit hast du den schwierigsten Teil geschafft!

Der Schlussteil
Jeder Text – so auch der Brief – hat einen Schlussteil oder auch nur einen Schluss-Satz.
(Die Grußformel zählt nicht dazu.)
Der Schluss rundet das, was du geschrieben hast, mit einer persönlichen Bemerkung ab.
Dazu gibt es viele Möglichkeiten, hier ist eine kleine Auswahl:
- Vielleicht haben Sie jetzt eine kleine Vorstellung von _____
- Ich hoffe, dass Sie sich über meinen Brief freuen.
- Das wär's erst einmal. Vielleicht möchten Sie noch mehr erfahren, dann (schreiben/anrufen/mailen)
- Jetzt habe ich ganz viel von mir berichtet. Hoffentlich können Sie …
- Jetzt mache ich erst einmal Schluss. Bitte grüßen Sie mir auch …
- Vielleicht hast du noch eine andere Idee? _____

SCHREIBEN

ÜBUNGSBEREICH 2

Welche der vorgeschlagenen Ideen wirst du wählen und warum?

Ich wähle den Schluss-Satz: _____

_____, weil _____

_____

Übertrage den Schluss-Satz in deinen Briefentwurf!
Jetzt hast du eine sehr gründliche Planung gemacht – wie alle Profis.

Der abschließende Check
Du hast deinen endgültigen Entwurf geschrieben.
Lies dir deinen Brief halblaut vor. Vielleicht klingt er für dich immer noch nicht so ganz passend.
Du kannst Folgendes prüfen: Hake bitte ab, was du schon gemacht hast:

❑ Ich habe das Datum oben in die rechte Ecke geschrieben.
❑ Ich habe hinter der Grußformel eine Zeile frei gelassen.
❑ Ich habe einen nicht zu umständlichen Einleitungssatz gewählt.
❑ Ich habe verschiedene Satzanfänge benutzt (mindestens fünf).
❑ Ich habe verschiedene Satzübergänge zwischen Haupt- und Nebensatz benutzt.
❑ Ich habe viele verschiedene Adjektive (Wiewörter) benutzt.
❑ Ich habe die Reihenfolge, die ich in der Planung (Seite 35 f.) gewählt habe, beibehalten.
❑ Ich habe einen freundlichen Schluss-Satz gewählt.
❑ Ich habe bei Wörtern, die mir schwierig vorkamen, im Wörterbuch nachgeschaut.
❑ Ich habe unterschrieben.

Herzlichen Glückwunsch. Sicherlich hast du schon vieles richtig beachtet.

Das, was du verbessern oder hinzufügen musst, kannst du schnell noch in deinen
Entwurf hineinschreiben. Vielleicht benutzt du dafür eine Korrekturfarbe.
So kannst du deine Verbesserungen deutlich erkennen.

Der Brief
Nun hast du dich bestens vorbereitet,
sodass du den Brief – vielleicht auf
schönem Papier – endgültig schreiben
kannst. Deinen letzten überarbeiteten
Entwurf kannst du dazu nehmen.

Du hast alles beachtet!
Herzlichen Glückwunsch!

*Tipps zum Nachdenken: Ein Brief wandert
viele Wege und landet in einem fremden
Haus. Er flattert sozusagen als Geschenk
in eine fremde Wohnung. Deshalb:
Ein Brief sollte ordentlich gestaltet sein,
damit die Empfängerin sich darüber freut.
Ein Brief sollte möglichst fehlerfrei (Wörter/Sätze) sein, denn die Leserin soll dein
Geschriebenes verstehen.
Es darf nichts Schlimmes über Personen
geschrieben werden, denn du bist ja höflich (keine „schlechten" Wörter).*

SCHREIBEN

ÜBUNGSBEREICH 3

In Übungsbereich 3 übst du, deinen Brief anschaulich zu gestalten und deinen Sprachstil noch weiter zu verbessern.

Ein Brief an den Direktor deiner Schule
Briefe anschaulich, sprachlich sicher und variabel gestalten

Herr Direktor Müller hat euch gebeten, ihm einen Brief zu schreiben. Er möchte gerne Informationen über eure Grundschulen haben. In deiner Klasse sind Kinder aus vielen verschiedenen Grundschulen. Deshalb schafft er es nicht, alle zu besuchen und sich ein eigenes Bild zu machen.

Planung
Zunächst musst du dir überlegen, was genau du schreiben wirst. Dazu stellst du dir am besten Fragen, die zu beantworten sind.

1. Vorbereitung zur Anredeformel: Die Person richtig ansprechen können
Wie willst du Herrn Müller ansprechen?
Entscheide dich, ob du lieber „Sehr geehrter Herr Müller" oder „Lieber Herr Müller" als Anrede wählen wirst:

Am besten ist es, du stellst dir beim nächsten Brief selbst Fragen und beantwortest diese.

Ich entscheide mich für die Anrede _____, weil _____

_____.

Herr Müller wird viele Briefe bekommen, deshalb sollte der Brief nicht länger als zwei Seiten werden. Das heißt, dass du nicht alles schreiben kannst, was du möglicherweise für wichtig und bedeutsam hältst.

2. Vorbereitungen zum Inhalt: Die Informationsliste – Sammeln und Sortieren
Jetzt geht es an die Überlegungen zum konkreten Inhalt. Schreibe hinter die Fragen deine Antworten in Stichpunkten.

Informationen (allgemein) zur Schule

1. Name der Grundschule (vielleicht Adresse) _____

    Stadtteil _____

2. Größe der Grundschule (Gibt es zwei Klassen für einen Jahrgang, also z. B. Klasse 4a und 4b?) _____

3. Was ist in deiner alten Schule ähnlich wie in deiner neuen Schule? _____

    _____

4. Was gibt es, was es an deiner jetzigen Schule nicht gibt? _____

    _____

SCHREIBEN

ÜBUNGSBEREICH 3

5. Fehlen weitere wichtige allgemeine Informationen? Wenn ja, welche?

_____

_____

Informationen zur Klasse

6. In welcher Klasse warst du? _____

7. Wie viele Schüler wart ihr? _____

8. Gibt es noch etwas, was Herr Müller vielleicht wissen sollte?

_____

_____

Informationen zu den Fächern

9. Was hat dir besonders Spaß gemacht? _____

10. Welche Fächer gibt es auf der neuen Schule nicht? _____

11. War etwas besonders spannend? _____

12. Willst du noch etwas anderes berichten?

_____

3. Vorbereitung zur Einleitung: Eine elegante Überleitung finden

Wie willst du nach der Anredeformel einleiten?
Der Anfang könnte ungefähr so lauten:
Sie haben uns erzählt, dass Sie gerne ein paar allgemeine Informationen über unsere Grundschulen erhalten möchten. Deshalb schreibe ...
Versuche einen anderen Anfangssatz zu formulieren:

_____

_____

4. Bearbeitung des Hauptteils: Entscheidungen treffen und die Reihenfolge festlegen

Du hast dir viele Fragen gestellt und diese auch beantwortet. Leider kannst du ja nicht über alles berichten, was vielleicht für dich ganz wichtig und spannend war. Deshalb musst du entscheiden, was für Herrn Müller besonders interessant sein könnte.
Dein Hauptteil muss eine bestimmte Reihenfolge enthalten, damit der Leser, hier Herr Müller, sich zurechtfindet:
Schreibe hinter jeden Punkt deiner ausgefüllten Informationsliste die passende Bemerkung: Das muss ich beantworten, hier will ich viel schreiben, hier will ich nur wenig schreiben, das kann ich weglassen.

 # SCHREIBEN

ÜBUNGSBEREICH 3

5. Der Schlussteil: Schlussformel und Unterschrift – sich richtig verabschieden und unterschreiben

Wie wirst du dich verabschieden? Gefällt dir die Formel „Viele Grüße" oder bevorzugst du die Formel „Mit freundlichen Grüßen"? Begründe deine Entscheidung:

Ich entscheide mich für _____ , weil _____

_____

Herr Müller bekommt als Schulleiter bestimmt fast 100 Briefe, wenn alle Jungen und Mädchen aus den 5. Klassen ihre Briefe abgeben. Deshalb macht es Sinn, mit dem Vornamen und Familiennamen zu unterschreiben.

Erster Entwurf

Nun kannst du den gesamten Brief vorschreiben. Dazu benutzt du dein Heft. Wenn du in der Rechtschreibung nicht sicher bist, dann schaust du im Wörterbuch nach.

Damit hast du deinen ersten Entwurf.
Nun versuche, dir deinen Schulleiter oder deine Schulleiterin vorzustellen. Er oder sie hat gerade deinen Brief in der Hand und liest ihn sich halblaut vor. Mache es genauso. Dabei überprüfst du deinen Brief und hakst bitte ab, was stimmt.

Checkliste

- Weiß Herr Müller, wie du mit Vor- und Zunamen heißt?
- Weiß Herr Müller, wie deine Grundschule heißt?
- Kann sich Herr Müller ungefähr vorstellen, wie groß die Grundschule ist?
- Erfährt Herr Müller, welche Fächer es an der Grundschule gibt, die an deiner neuen Schule nicht unterrichtet werden?
- Kann sich Herr Müller vorstellen, wie der Unterricht bei deiner Klassenlehrerin war (viele unterschiedliche Aufgaben für einzelne Schüler, Sitzordnung, Zeichen für Ruhe)?
- Bekommt Herr Müller eine Idee davon, was du in der alten Schule gut fandest und was nicht?
- Klingt der Brief beim Lautlesen flüssig (hast du unterschiedliche Anfangswörter benutzt wie „außerdem/zusätzlich/meistens/jeden Morgen/Dort war es üblich, dass/Schließlich hat jeder/Zum Schluss möchte ich")?
- Wird Herr Direktor Müller mindestens an einer Stelle noch einmal direkt angesprochen?
- Hast du die Wörter, bei denen du nicht ganz sicher warst, wie sie geschrieben werden, im Wörterbuch nachgesehen?
- Sieht dein Brief von der Form her gut aus (mit dem Brief verrätst du auch ein bisschen von dir selbst)?
- Hast du das Datum in die richtige Ecke geschrieben?
- Hast du auf alle Zeilenabstände und leere Zeilen geachtet?
- Bist du mit deinem Brief zufrieden?

Überarbeitung

Sicherlich muss noch einiges überarbeitet oder hinzugefügt werden. Das ist ganz normal, alle Schriftsteller und Journalisten arbeiten auch so.
Du schreibst deine Verbesserungen oder Ergänzungen in deinen ersten Entwurf hinein. Vielleicht benutzt du dazu eine andere Farbe, damit du deine Korrekturen deutlich sehen kannst.

SCHREIBEN

ÜBUNGSBEREICH 3

Dein Brief

Nun kannst du deinen Brief noch einmal komplett und (hoffentlich) fehlerfrei auf saubere Blätter schreiben. Vielleicht kannst du deinen Brief deinem Schulleiter überreichen. Das wäre sicherlich toll.

Deine Mitschülerin Katja hat auch einen Brief an Herrn Müller vorgeschrieben. Sie hat das dumme Gefühl, dass der Brief noch nicht ganz in Ordnung ist. Deshalb bittet sie dich, ihren Brief zu verbessern.

(..) Hallo, Herr Müller,
(..) Sie wollen also von mir wissen, wie das so auf meiner alten Schuhle war. (..) Unser Klassenlehrer war ganz in Ordnung, wir haben viele spannende Ausflüge gemacht. (..) Wir waren 10 Mädchen und 11 Jungen. (..) Wir hatten eine kleine Frühstücksecke, da haben die Eltern immer die leckeren Brote für uns geschmiert. (..) Unsere Schuhle heist Erich-Kästner-Schule und ist wunderschön bunt. (..) Sachkunde war ein tolles Fach, Sport war auch ein tolles Fach. (..) Für die Pausen hatten wir draußen ein ziemlich hohes Klettergerüst und drinnen durften wir mit Softbällen spielen. (..) Im Unterricht haben wir Musik gehört, damit wir uns besser konzentrieren können. (..) Das hat mir sehr geholfen. (..) Mein Schulweg war nicht lang, Lisa und Leon haben mich fast immer morgens begleitet. (..) Im Fach Mathematik war ich besonders gut, schreiben und lesen mache ich nicht ganz so gerne. (..) Auf dem Schulhof hatten wir außerdem einen Spielecontainer, da konnte man sich Spiele ausleihen. (..) Das sollten Sie für unsere Schuhle auch mal anschaffen. (..) Die Schule liegt an der Köhlerstraße. (..) Sachkunde war mein Lieblingsfach.
(..) Das war's, ich glaube, Sie haben jetzt genug Informationen von meiner alten Schuhle
(..) Katja

Katja hat einfach losgeschrieben und sich vorab keine Gedanken über eine sinnvolle Reihenfolge gemacht. Hilf ihr bitte, die Sätze in die richtige Abfolge zu bringen. Wenn du z. B. den dritten Satz als fünften siehst, schreibst du die Zahl 5 in die Klammer vor dem Satz. Benutze einen Bleistift, vielleicht musst du einige Male korrigieren.
Was hat Katja auch nicht gut gemacht? Schaue dir dazu die Schritte der ersten Planungsphase auf Seite 39 f. der Reihe nach an.
Was hat Katja noch nicht richtig beachtet? _____

_____

Einen Rechtschreibfehler hat sie mehrmals gemacht: Falsch ist das Wort: _____

Zähle die Sätze durch und bringe sie in eine gute Reihenfolge. _____

_____

Was sagst du zur Grußformel und zum Schlussteil? _____

_____

Was fehlt völlig? _____

Welchen Satz hältst du für besonders gelungen und warum? _____

_____

Vielen Dank für deine Mitarbeit – auch von Katja!

SCHREIBEN

LERNFORTSCHRITTSERMITTLUNG

Lernfortschrittsermittlung Stufe I

Name: _____ Klasse: _____ Datum: _____

In deiner neuen Schule kümmern sich alle sehr um euch Neulinge. Die Klassenlehrer wollen von jedem Schüler, jeder Schülerin wissen, wie es auf eurer alten Schule war. Deshalb musst du jetzt einen Brief an deine neue Klassenlehrerin schreiben. In diesem Brief informierst du sie über deine alte Schule.
Führe dir noch einmal vor Augen, in welchen Schritten du deinen Brief an deine Grundschullehrerin geschrieben hast. Führe die Schritte auch jetzt durch und schreibe anschließend deinen Brief. Viel Erfolg!

Lernfortschrittsermittlung Stufe 2

Name: _____ Klasse: _____ Datum: _____

In deiner neuen Schule kümmern sich alle sehr um euch Neulinge. Die Klassenlehrer wollen von jedem Schüler, jeder Schülerin wissen, wie es auf eurer alten Schule war. Deshalb musst du jetzt einen Brief an deine neue Klassenlehrerin schreiben In diesem Brief informierst du über deine alte Schule. Denke an die Schritte, die du in der Übung durchgeführt hast!

Lernfortschrittsermittlung Stufe 3

Name: _____ Klasse: _____ Datum: _____

Die Zeitungsredaktion der WWZ möchte auch euch Kindern die Möglichkeit geben, mal als Journalist tätig zu sein. Deshalb bittet sie euch, in einem Brief die Leser über eure neue Schule zu informieren. Die besten Artikel werden veröffentlicht. Natürlich möchtest du deinen Brief in der Zeitung stehen sehen und schreibst deshalb sehr gewissenhaft diesen Brief.

Nutzen Sie zur Auswertung die Tabelle, die auch zur Auswertung der Lernstandsermittlung diente!

 **LESEN**

LERNSTANDSERMITTLUNG

Name: _____ Klasse: _____ Datum: _____

Lies den folgenden Text mehrfach gründlich durch und beantworte dann die Fragen.

Ulrich Greiner: Warum Bienen nicht lügen

(aus: DIE ZEIT, 09.08.2007)

Die Jury der ZEIT [...] stellt vor: Nikolaus Nützels „Sprache oder Was den Mensch zum Menschen macht"

Es wäre schwierig, jemanden, der gerade geht, um die Erklärung zu bitten, wie er das macht: Gehen. Er könnte es wohl kaum erklären. Natürlich könnte er in der Fachliteratur nachlesen, warum der Mensch geht und wie das geht. Aber da hätte er viel zu tun, und am Ende könnte er wahrscheinlich nicht mehr gehen.

Mit der Frage, was sprechen bedeutet, verhält es sich nur insofern anders, als sie noch komplizierter ist. Wer sprechen kann, denkt nicht darüber nach (was zuweilen ein Fehler ist). Insofern ist Nikolaus Nützels Buch über die Sprache ein echter Nussknacker. Es knackt eine Nuss, von der wir spontan nicht gedacht hätten, dass man sie knacken sollte. Am Ende des ebenso amüsanten wie lehrreichen Buches sind wir ein ganzes Stück schlauer geworden [...]. All das, was unseren Alltag zutiefst bestimmt und organisiert, die Sprache, die Schrift, erscheint uns nach der Lektüre wie ein großes Wunder, das wir nun ein bisschen besser verstehen.

Nützel fängt mit den schwierigsten Fragen an, und deshalb ist es nicht überraschend, dass er mehr Fragezeichen als Antworten erntet. Wann die Sprache entstanden ist, wissen wir nicht. Es ist ungefähr hunderttausend Jahre her. Die Zahl klingt wie erfunden, aber Nützel zeigt, was alles dazu nötig war, unter anderem eine bestimmte Entwicklung der Organe und der Atemtechnik, vor allem aber die Fähigkeit zur Begriffsbildung. [...] Daran knüpft sich die berühmte Frage, ob Tiere sprechen können. In gewisser Weise können sie es, und Nützel erzählt von der bahnbrechenden Entdeckung des Biologen Karl von Frisch, der die tanzenden Flugbewegungen der Biene als Informationen über Futterplätze aufschlüsselte. Und dann gibt es die berühmten sprechenden Affen, aber Nützel macht klar, dass die menschliche Sprache sich wesentlich von den äußerst feinen tierischen Verständigungsformen unterscheidet. Der Mensch könnte zum Beispiel sagen: „Ich weiß, wo es was zu essen gibt", während er in Wahrheit keine Ahnung hat. Das kann die Biene nicht (und das macht sie übrigens auch, im Unterschied zum Menschen, zur Sünde unfähig). Man sieht an diesen Beispielen, welch bodenloses Gelände Nützel betritt, und man ist dann doch ein bisschen erleichtert, wenn er sich den nicht ganz so schwierigen Fragen zuwendet, etwa, wann die ersten Schriften entstanden sind, wie die Hieroglyphen entziffert wurden und worin der wesentliche Unterschied zwischen etwa der chinesischen und der lateinischen Schrift besteht. [...]

Nikolaus Nützel: Sprache oder Was den Mensch zum Menschen macht. Verlag cbj, München 2007; 219 S., 14,95 € (ab 12 Jahre)

LESEN

LERNSTANDSERMITTLUNG

Aufgaben zu „Warum Bienen nicht lügen"

Achtung: Du wirst nicht alle Aufgaben lösen können. Es geht darum, herauszufinden, was du schon kannst und was nicht!

1. In dem Artikel „Warum Bienen nicht lügen" wird ein Buch vorgestellt.
   a) Um welches Buch handelt es sich? (Kreuze die richtige Antwort an.)
      a) Ulrich Greiner: Warum Bienen nicht lügen ❏
      b) Karl von Frisch: Flugbewegungen der Biene ❏
      c) Nikolaus Nützel: Sprache oder Was den Mensch zum Menschen macht ❏
      d) Keines dieser Bücher ❏
   b) Gib eine Textstelle an, aus der man erkennen kann, welches Buch vorgestellt wird: Zeile(n): _____

2. Aus dem Text erfahren wir, wann die menschliche Sprache ungefähr entstanden ist.
   a) Gib an, an welcher Textstelle man dies nachlesen kann. Zeile: _____
   b) Wann ist die menschliche Sprache demnach ungefähr entstanden?

   _____

3. Für die Entstehung der menschlichen Sprache waren verschiedene Dinge notwendig.
   Um welche Dinge handelt es sich?
   Kreuze die beiden richtigen Antworten an:
   Für die Entstehung der menschlichen Sprache war notwendig, …
   a) dass der Mensch eine bestimmte Körpergröße erreicht. ❏
   b) dass sich die Atemtechnik des Menschen entwickelt. ❏
   c) dass der Mensch ein bestimmtes Körpergewicht erreicht. ❏
   d) dass Organe eine bestimmte Entwicklung durchmachen. ❏

4. Bienen „sprechen" auf eine bestimmte Weise miteinander.
   Kreuze die richtige Antwort an.
   Bienen „sprechen" miteinander, …
   a) indem sie besonders hohe Töne ausstoßen. ❏
   b) indem sie lügen. ❏
   c) indem sie bestimmte Flugbewegungen ausführen. ❏
   d) indem sie mit Gegenständen Zeichen geben. ❏

5. Nikolaus Nützel vergleicht in seinem Buch die menschliche Sprache mit Verständigungsformen der Tiere und kommt dabei zu folgendem Ergebnis.
   Kreuze die richtige Antwort an.
   Die menschliche Sprache und tierische Verständigungsformen …
   a) unterscheiden sich gar nicht. ❏
   b) unterscheiden sich dadurch, dass Tiere nicht lügen können. ❏
   c) unterscheiden sich dadurch, dass Tiere nicht lügen, obwohl sie es könnten. ❏
   d) unterscheiden sich dadurch, dass Menschen über das Essen sprechen können. ❏

# LESEN

LERNSTANDSERMITTLUNG

6. Der Buchtitel „Sprache oder Was den Mensch zum Menschen macht" (Z. 3) lässt vermuten, was der Autor des Buches meint. Kreuze die richtige Aussage an.
Der Autor des Buches meint vermutlich, dass ...
   a) ... Sprache und Mensch nichts miteinander zu tun haben. ❏
   b) ... die Sprache den Mensch zum Menschen macht. ❏
   c) ... etwas anderes als die Sprache den Mensch zum Menschen macht. ❏
   d) ... nur Tiere Sprache besitzen, nicht aber der Mensch. ❏

7. Entscheide aufgrund des Textes, ob folgende Aussagen zutreffen, und gib jeweils in der rechten Spalte die Zeile an, in der man das nachlesen kann:

	Trifft zu	Trifft nicht zu	Zeile(n)
a) Durch das Lesen des Buches „Sprache oder Was den Mensch zum Menschen macht" kann man etwas lernen.	❏	❏	_____
b) Bienen können zwar nicht lügen, Affen aber schon.	❏	❏	_____
c) In dem Buch „Sprache oder Was den Mensch zum Menschen macht" werden mehr Fragen offengelassen als beantwortet.	❏	❏	_____

8. In Zeile 14–16 heißt es „Insofern ist Nikolaus Nützels Buch über die Sprache ein echter Nussknacker". Welche „Nuss" wird in dem Buch geknackt?

_____

_____

9. In dem Buch von Nikolaus Nützel geht es nach Greiners Auffassung um sehr schwierige Fragen. Nenne zwei davon.
Eine der schwierigsten Fragen ist laut Text: _____

_____

Eine weitere schwierige Frage ist laut Text: _____

_____

10. Im Text wird eine Beziehung hergestellt zwischen dem Gehen und dem Sprechen. Welche? Kreuze die richtige Lösung an.
   a) Aufrechtes Gehen und Sprechen sind die beiden Handlungen, die den Menschen vom Tier unterscheiden. ❏
   b) Ebenso wie wir gehen können, ohne so recht erklären zu können, wie es funktioniert, können wir auch sprechen, ohne es erklären zu können. ❏
   c) Nur weil wir sprechen können, können wir uns überhaupt fragen, wie das Gehen funktioniert. ❏
   d) Die Fragen, wie das Gehen und das Sprechen funktionieren, sind leicht zu beantworten, denn wir können in der Fachliteratur nachlesen. ❏

46 © Cornelsen Verlag Scriptor, Berlin • Diagnostizieren & Fördern • Deutsch • 5/6

LESEN

LÖSUNGEN, FEHLERANALYSE UND FÖRDEREMPFEHLUNG

Vorbemerkungen: Der Text „Warum Bienen nicht lügen" ist für Schülerinnen und Schüler der Stufen 5/6 sehr komplex. Diese Komplexität ist notwendig, um eine differenzierte Diagnostik zu ermöglichen.
Die Testfragen untersuchen die Fähigkeiten der Schülerinnen und Schüler zur Informationsentnahme aus Texten. Die je nach Kompetenzprofil vorgeschlagenen Übungen (siehe Spalte „Förderempfehlung") zielen auf den Erwerb derjenigen Kompetenzen, die im Test nicht zuverlässig gezeigt wurden. Sie sind als Beispielaufgaben zu verstehen, nicht als vollständiges Förderprogramm.

Aufgabe	Lösung	Analyse häufig auftretender Fehler	Förderempfehlung
1 a	c	Mehrere Fehler im Bereich der Fragen 1–4 weisen darauf hin, dass es dem Kind schwerfällt, Informationen zu lokalisieren und dann auszuwerten.	Bei mehreren Fehlern in den Fragen 1–4 empfiehlt sich **Übungsbereich 1**. Dort geht es darum, nicht verschlüsselte Informationen zu finden und auszuwerten.
1 b	Zeile(n): 3 oder 15 oder 58–60 oder andere Stellen, an denen Nützel erwähnt wird		
2 a	Zeile: 29		
2 b	Vor ungefähr 100 000 Jahren		
3	b, d		
4	c		
5	b	Werden die Fragen 1–4 recht sicher gelöst, aber im Bereich der Fragen 5–7 treten mehrere Fehler auf, so spricht dies dafür, dass das Kind zwar Informationen lokalisieren und auswerten kann. Es fällt ihm aber schwer, Informationen auch dann zu lokalisieren und auszuwerten, wenn sie im Text nur in verschlüsselter Form vorliegen.	Bei mehreren Fehlern in den Fragen 5–7 empfiehlt sich **Übungsbereich 2**. Dort geht es darum, auch verschlüsselte Informationen zu finden und auszuwerten. Gibt es sowohl in den Fragen 1–4 als auch in den Fragen 5–7 mehrere Fehler, so sollte mit Übungsbereich 1 begonnen werden, der die fundamentalere Fähigkeit einübt.
6	b		
7 a	trifft zu (Z. 18–20 bzw. 20–24)		
7 b	trifft nicht zu (Z. 39–48 bzw. Teile davon)		
7 c	trifft zu (Z. 26–27)		
8	Bei der Nuss handelt es sich um die Frage, was sprechen bedeutet.	Werden die Fragen 1–7 recht sicher gelöst, aber im Bereich der Fragen 8–10 zeigen sich Fehler, so spricht dies dafür, dass es dem Kind sehr wohl gelingt, Informationen sogar in verschlüsselter Form zu lokalisieren und auszuwerten. Es fällt ihm aber schwer, Beziehungen zwischen Informationen herzustellen.	Bei Fehlern in den Fragen 8–10 empfiehlt sich **Übungsbereich 3**. Gibt es auch in den Fragen 5–7 mehrere Fehler, so sollte mit Übungsbereich 2 begonnen werden. Treten zudem Fehler in den Fragen 1–4 auf, so sollte Übungsbereich 1 am Anfang stehen.
9	z. B.: Was bedeutet sprechen? Wann ist die Sprache entstanden? Was war nötig zur Entstehung der Sprache? Können Tiere sprechen? Keine richtige Lösung ist: Wann ist die erste Schrift entstanden?		
10	b		

Hinweis: Sollte ein Schüler alle 10 Fragen richtig beantworten, so ist seine Lesekompetenz schon so weit ausgebildet, dass mit dem vorliegenden Material keine Förderung möglich ist.

LESEN

ÜBUNGSBEREICH 1

In Übungsbereich 1 übst du, Informationen in einem Text zu finden und sie zur Beantwortung einer Frage zu nutzen.

Leben und Sprache der Kaninchen
Informationen finden und auswerten

Vorübungen
(Lösungen findest du zur Kontrolle auf Seite 63)

1. Antworten zu Fragen finden

Du sollst folgende Frage beantworten:
Frage: Zu welcher Kaninchenrasse gehört das Angora-Kaninchen?

Dazu findest du unten drei Aussagen über Kaninchen. Finde die Aussage heraus, die dir hilft, die Frage zu beantworten.

a) Entscheide zunächst, welche beiden Wörter in der Frage wichtig sind:

Wichtige Wörter in der Frage sind: _____ und _____

b) Suche nun diese zentralen Wörter in den folgenden Sätzen und unterstreiche sie.
Kreuze dann an, welche Aussage dir hilft (welche Aussage enthält alle zentralen Wörter?):

Aussage 1   Angora-Kaninchen liefern pro Tier und pro Jahr 700 bis 800 Gramm Angorawolle.   ❑

Aussage 2   Während das Rex-Kaninchen zu den Kurzhaarrassen gehört, ist das weiße oder farbige Angora-Kaninchen ein Kaninchen der Langhaarrasse.   ❑

Aussage 3   Angorakaninchen werden bis zu 4,5 kg schwer.   ❑

c) Beantworte nun die Frage: Zu welcher Kaninchenrasse gehört das Angora-Kaninchen?

Antwort: _____

2. Informationen in einem Text suchen
Füge Pfeile ein und ergänze die Sätze in der rechten Spalte.

Im Jahr 1972 erschien der Roman „Watership Down" des englischen Schriftstellers Richard Adams. Er handelt von einer Gruppe Kaninchen, die aufgrund einer düsteren Vorahnung des Rammlers Fiver aus ihrem alten Gehege flieht. Fivers Bruder Hazel ist der Anführer der Kaninchengruppe auf der Suche nach einer neuen Heimat. Pipkin, das jüngste Kaninchen, verehrt Hazel sehr. Geschaffen wurde die Welt der Kaninchen nach ihrem Glauben vom Sonnengott, der in der Sprache der Kaninchen „Frith" heißt.

a) Das jüngste Kaninchen der Sippe heißt: *Pipkin*

b) Hazels Bruder heißt: _____

c) Der Sonnengott heißt bei den Kaninchen:

_____

d) Der Roman „Watership Down" wurde geschrieben von:

_____

LESEN

ÜBUNGSBEREICH 1

Übungen zu einem Text

Du brauchst nun einen Bleistift und einen Textmarker.

Lies den folgenden Text in vier Schritten:
1. Lesen ohne Bleistift: Überfliege zunächst einmal den Text, um zu sehen, worum es geht!
2. Lesen mit Bleistift: Lies den Text nun gründlich mit einem Bleistift in der Hand!
   Unterstreiche die Sätze, die wichtige Informationen zur Sprache der Kaninchen enthalten!
3. Randnotizen: Notiere im dritten Schritt am Rand zu jeder unterstrichenen Stelle einige Stichworte:
   Was erfährt man an dieser Stelle über die Sprache der Kaninchen?
4. Nach dem Lesen: Lies dir noch einmal deine Stichworte am Rand durch und überlege, was du nun über die Sprache der Kaninchen weißt!

Bearbeite dann die Aufgaben auf den nächsten beiden Seiten.

Didi Thormann: Die Sprache der Kaninchen

(aus: http://www.zooplus.de/magazin/information/artikel/619)

Um in der Natur zu überleben, sind eine stete Wachsamkeit und ein unauffälliges Verhalten notwendig. Zur Verständigung sind daher [bei Kaninchen] nur wenige Laute ausgebildet. Bei Jungtier[en] ist lediglich ein Fiepen festzustellen, wenn sie zur ersten Kontrolle aus dem warmen Nest geholt werden. Dabei lässt sich manchmal ein Murksen der Mutter vernehmen. Es soll wohl schnell hintereinander folgende Schimpfworte, eine Art Meckern darstellen. Dies bekommt man auch zu hören, wenn das Kaninchen beim Auslauf wieder gefangen und in den Käfig zurückgesetzt wird. Ein zufriedenes Brummen können Sie dagegen vernehmen, wenn das Männchen ein Weibchen umwirbt oder gerade gedeckt hat. Stört ihn hierbei jemand, stößt er einen charakteristischen Fauchlaut aus. Er ist zwar relativ leise, sollte aber beachtet werden, denn er kann von einem blitzschnellen Angriff gefolgt sein.

Deutlich lauter ist das sogenannte Kreischen oder ein heftiges Trommelgeräusch mit den Hinterläufen auf den Boden. Es ertönt eigentlich nur bei Todesangst bzw. um auf Feinde aufmerksam zu machen. Kann dies bei einem relativ jungen, scheuen Kaninchen schon beim Ergreifen im Käfig passieren, schreien freilebende Tiere eigentlich nur, wenn sie von einem Raubtier ergriffen worden sind oder sich – z. B. durch einen Sturz – stark verletzt haben. Hierbei lässt sich oft ein starkes Zähneknirschen vernehmen, verbunden mit einem trüben Blick und allgemeiner Apathie des Tieres. Dagegen können leise mahlende Geräusche ein Ausdruck von Wohlbehagen bedeuten. Probieren Sie es doch mal aus: Wie das Schnurren einer Katze ist es manchmal zu hören, wenn das Kaninchen ausgiebig gekrault wird.

(© Thomas Brodmann, animals-digital.de)

LESEN

ÜBUNGSBEREICH 1

Aufgaben zu „Die Sprache der Kaninchen"
(Lösungen findest du zur Kontrolle auf Seite 63)

1. Welches Geräusch geben sehr junge Kaninchen von sich, wenn sie aus ihrem Nest geholt werden?

   a) Die zentralen Wörter in der Frage sind: Geräusch, junge Kaninchen und _____
   b) Suche und markiere im Text – mit Textmarker – die Stelle, die zu den zentralen Wörtern der Frage passt.
   Diese Stelle passt zur Frage: Zeile(n): _____
   c) Beantworte nun die Frage:
   Sehr junge Kaninchen geben folgendes Geräusch von sich: _____

2. Welches Geräusch stößt ein Männchen aus, wenn es beim Decken eines Weibchens gestört wird?
   a) Markiere zunächst – mit Textmarker – in der Frage alle wichtigen Wörter.
   b) Suche und markiere im Text alle Stellen, die zu den zentralen Wörtern der Frage passen.

   Folgende Stelle gibt Auskunft zu der Frage: Zeile(n): _____
   c) Kreuze nun die richtige Antwort an:
   Wenn ein Männchen beim Decken eines Weibchens gestört wird, dann
   ❏ fiepst es. ❏ trommelt es mit den Hinterläufen.
   ❏ faucht es. ❏ brummt es.

Zwischen-Check: Wie bist du bisher vorgegangen?

In den Aufgaben 1 – 2 hast du geübt, wie man vorgehen kann, wenn man eine Information sucht.
Schaue dir die zwei Aufgaben nochmals an und ergänze dann:
Wenn ich eine Information suche, um damit eine Antwort zu einer Frage zu finden,
dann gehe ich so vor:
Ich beginne wie in Teil (a) der Aufgaben: Zuerst _____

Anschließend gehe ich wie in Teil (b) der Aufgaben vor: Dann _____

_____

Und schließlich beantworte ich _____

---

3. Kaninchen können mit ihren Hinterläufen ein Trommelgeräusch erzeugen.
   Warum tun sie das?
   a) Schaue auf den Zwischen-Check und gehe entsprechend vor!
   b) Beantworte nun die Frage:
   Es gibt zwei Gründe, warum Kaninchen mit den Hinterläufen trommeln:

   1. _____

   2. _____

LESEN

ÜBUNGSBEREICH 1

4. Wenn Kaninchen sich bei einem Sturz verletzen, dann zeigen sie oft Apathie, das heißt, sie sind geistesabwesend. Neben der Apathie sind noch zwei weitere Dinge an Kaninchen zu beobachten. Ergänze die Grafik!
   a) Schaue auf den Zwischen-Check und gehe entsprechend vor!
   b)

```
                              → Apathie
Nach einem Sturz ist bei einem
Kaninchen oft zu beobachten   →  _____

                              →  _____
```

5. Kaninchenmütter geben oft Laute von sich, die wie eine Art Meckern klingen. Warum tun sie das?
   a) Markiere in der Frage alle Schlüsselwörter und suche den Textabschnitt, der dazu passt. Markiere auch dort die Schlüsselwörter.

   Achtung: Die Antwort auf diese Frage steht nicht in einem Satz.

   b) Folgender Textabschnitt wurde von mir markiert: Zeile _____ bis Zeile _____
   c) Beantworte nun die Frage: Kaninchenmütter geben eine Art Meckern von sich, _____
   _____
   _____

6. Wenn ein Männchen einen Fauchlaut von sich gibt, dann sollte man sehr vorsichtig sein. Lies nach, warum!
   a) Erinnere dich, wie du bei dieser Frage vorgehen kannst!
   b) Formuliere in eigenen Worten: Warum sollte der Mensch vorsichtig sein, wenn ein Kaninchenmännchen einen Fauchlaut von sich gibt?
   _____
   _____
   _____

7. Entscheide aufgrund des Textes, ob folgende Aussagen zutreffen und gib in der rechten Spalte eine Textstelle an, die deine Entscheidung belegt.

Tipp: Du solltest die vorgegebenen Sätze ganz genau mit dem Text vergleichen!

	Trifft zu	Trifft nicht zu	Zeile(n)
a) Kaninchen benutzen nur wenige Laute zur Verständigung.	❏	❏	_____
b) Wenn Kaninchen beim Auslauf gefangen und wieder in den Käfig gesetzt werden, hört man manchmal eine Art Meckern.	❏	❏	_____
c) Wenn Kaninchen sich wohlfühlen, dann hört man oft einen Ausdruck des Wohlbehagens, ähnlich dem Schnurren einer Katze.	❏	❏	_____

© Cornelsen Verlag Scriptor, Berlin • Diagnostizieren & Fördern • Deutsch • 5/6

LESEN

ÜBUNGSBEREICH 2

Leben und Sprache der Elefanten
Informationen entschlüsseln und auswerten

Vorübungen
(Lösungen findest du zur Kontrolle auf Seite 63)

In Übungsbereich 2 übst du, Informationen in einem Text auch dann zu finden und auszuwerten, wenn diese im Text anders formuliert sind als in der Frage.

1. Informationen umformulieren I
Ergänze die rechte Spalte:
Wenn jemand sagt ...   Dann sagt er damit gleichzeitig:

a) Kein Elefant möchte auf Obst oder   Alle Elefanten ... _____
   Pflanzen verzichten.   _____

b) Wenige Tiere sind intelligenter als   Elefanten zählen zu ... _____
   Elefanten.   _____

2. Gleiche Informationen in unterschiedlichem Gewand
Betrachte folgenden Satz:
„Der Elefant erreicht eine Schulterhöhe von ca. 4 Metern und ein Gewicht von bis zu 12 Tonnen, damit ist er das größte und schwerste lebende Landsäugetier."

Dieser Satz bedeutet (Kreuze alle zutreffenden Aussagen an):
a) Wenn Elefanten das Gewicht von 12 Tonnen erreicht haben, dann sterben sie. ❑
b) Es gibt kein Landsäugetier, das größer und schwerer ist als der Elefant. ❑
c) Aufgrund seiner Größe und seines Gewichtes kann ein Elefant nicht schwimmen. ❑
d) Möglicherweise gab es in früheren Zeiten noch größere und schwerere Landsäugetiere als den Elefanten, heute jedoch nicht. ❑

3. Informationen umformulieren II
Vervollständige auf der Grundlage des linken Satzes jeweils den rechten Satz:

Dieser Satz   bedeutet auch:
a) Die Schwangerschaft bei Elefanten dauert   Zwillingspaare gibt es bei Elefanten ...
   20 – 22 Monate, meist wird nur ein Junges   _____
   geboren.   _____

b) Das Elfenbein der Stoßzähne spielt als Handels-   Wilddiebe töten Elefanten, um
   ware eine große Rolle, daher kommt es immer   _____
   wieder dazu, dass Wilddiebe Elefanten töten.   _____

a) Ein Tierpfleger im Zoo muss dafür sorgen, dass   Wenn ein Elefant im Zoo nicht das tut, was der
   sich die Elefanten ihm stets unterordnen. Die   Tierpfleger von ihm verlangt, dann ist daran zu er-
   Unterordnung ist daran zu erkennen, dass der   kennen, dass
   Elefant das tut, was der Tierpfleger von ihm   _____
   verlangt.   _____

LESEN

ÜBUNGSBEREICH 2

Übungen zu einem Text

Du brauchst nun einen Bleistift und einen Textmarker.

Lies den folgenden Text in vier Schritten:
1. Lesen ohne Bleistift: Überfliege zunächst einmal den Text, um zu sehen, worum es geht!
2. Lesen mit Bleistift: Lies den Text nun gründlich mit einem Bleistift in der Hand! Unterstreiche die Sätze, die wichtige Informationen zur Sprache der Elefanten enthalten!
3. Randnotizen: Notiere im dritten Schritt am Rand zu jeder unterstrichenen Stelle einige Stichworte: Was erfährt man an dieser Stelle über die Sprache der Elefanten?
4. Nach dem Lesen: Lies dir noch einmal deine Stichworte am Rand durch und überlege, was du nun über die Sprache der Elefanten weißt!

Bearbeite dann die Aufgaben auf den nächsten beiden Seiten.

Die geheime Sprache der Elefanten

(http://www.3sat.de/3sat.php?http://www.3sat.de/nano/cstuecke/61946/index.html)

Elefanten verständigen sich überwiegend mit Tönen, die der Mensch nicht hören kann. Mit sehr tiefen Infraschall-Lauten können sich die Tiere über Distanzen von bis zu zehn Kilometern „unterhalten". Forscher haben an die siebzig verschiedene Laute dokumentiert, die als Begrüßung oder als Drohung eingesetzt werden.

Hunderte Stunden verschiedener Laute wurden auf Band aufgenommen. Laute geben relativ genau Aufschluss über die Absichten und den Zustand der Tiere. Ein oft bemühtes Klischee gilt auch in der Kommunikation der Elefanten: Weibliche Elefanten „reden" deutlich mehr, männliche kämpfen häufiger.

Im Wiener Tiergarten Schönbrunn haben Zoologen die „Sprachentwicklung" des Jungelefanten Abu von Geburt an mitverfolgt. Das berühmte Elefantentrompeten erlernen die Tiere demnach mit vier Monaten. Mit einem speziellen Computerprogramm werden sämtliche Lautäußerungen ausgewertet. Tiefes Grollen beherrschen nur ältere Elefanten. „Die Jungtiere müssen, wie die Menschenkinder auch, erst die Sprache lernen und auch lernen zu verstehen." Das gelte besonders für die tiefen Laute – und für das „Trompeten": „Das können Elefanten erst im Alter von vier Monaten", so die Zoologin Angela Stöger.

Erfahrene Tierpfleger erkennen an den Lauten der Elefanten, wie die Stimmung ist. Die Forschung will jetzt herausfinden, ob sich in Elefantenfamilien eigene Sprech-Gewohnheiten, wie Dialekte, bilden. Besonders geheimnisvoll sind jene Laute, die so tief sind, dass sie Menschen nicht hören können. Zu zwei Dritteln verständigen sich Elefanten mit solchen Tönen.

LESEN

ÜBUNGSBEREICH 2

Aufgaben zu „Die geheime Sprache der Elefanten"
(Lösungen findest du zur Kontrolle auf Seite 63)

1. Elefanten verständigen sich mit Lauten, die der Mensch zum Teil nicht hören kann. Warum hört der Mensch diese Laute nicht?
a) Markiere mit Textmarker im Text alle Stellen, die Auskunft zu dieser Frage geben! (Suche dazu zunächst alle Stellen, an denen vom Hören die Rede ist! Markiere sie, wenn sie zu der Frage passen!)
b) Kreuze dann das Zutreffende an.
Menschen hören manche Elefantenlaute nicht,
❏ weil sie zu tief sind. ❏ weil sie zu leise sind.
❏ weil sie zu hoch sind. ❏ weil die Menschen zu weit von den Elefanten weg sind.

2. Welchen Anteil der Verständigung zwischen Elefanten können die Menschen ohne Hilfsmittel wahrnehmen?
   a) Suche und markiere eine Textstelle, aus der hervorgeht, wie häufig Elefanten Töne verwenden, die die Menschen nicht hören können: Zeile(n) _____
   b) Schließe nun daraus, welchen Anteil die Menschen hören können:
   _____
   _____
   _____

Tipp: Ein Ganzes besteht aus drei Dritteln!

3. Aus dem Text geht hervor, was man aus den Lauten von Elefanten erfahren kann.
   a) Markiere alle Stellen, aus denen man darauf schließen kann, was man aus Elefantenlauten erfahren kann.
   b) Kreuze dann alles Zutreffende an.
   Aus den Lauten von Elefanten kann man erfahren, ...
   a) ob Elefanten jemanden bedrohen wollen. ❏
   b) was Elefanten vorhaben. ❏
   c) woran sich Elefanten erinnern. ❏
   d) wie Elefanten sich fühlen. ❏

Zwischen-Check: Wie bist du bisher vorgegangen?
In den Aufgaben 1–3 hast du geübt, wie man vorgehen kann, wenn man eine Information sucht, die im Text nicht direkt, sondern nur versteckt enthalten ist. Schaue dir die drei Aufgaben nochmals an und ergänze dann:
Wenn ich eine Information suche, die im Text nicht direkt, sondern nur versteckt enthalten ist, dann gehe ich so vor:
Ich beginne wie in Teil (a) der Aufgaben: Zuerst _____
_____

Dann überlege ich anhand der markierten Stellen _____

LESEN

ÜBUNGSBEREICH 2

4. Im Text ist die Rede von „Infraschall-Lauten". Auch wenn man nicht weiß, was das ist, lässt sich aus dem Text erschließen, was „Infraschall-Laute" sind.
   a) Schau noch einmal in den Zwischen-Check, was du zuerst tun solltest!
   b) Erläutere dann: Infraschall-Laute sind …

___

Tipp: Denke auch bei den nächsten Aufgaben an den Zwischen-Check: Überlege, was du vor der Beantwortung der Frage tun solltest!

5. Die Überschrift des Artikels lautet „Die geheime Sprache der Elefanten". Warum wird die Sprache der Elefanten als „geheim" bezeichnet? (Kreuze an und nenne eine Stelle, die deine Antwort belegt.)
Die Sprache wird als „geheim" bezeichnet, weil …
   a) … die Elefanten nicht wollen, dass man hört, was sie sprechen.   ❏
   b) … weil die Elefanten nur Geheimnisse mit ihrer Sprache besprechen.   ❏
   c) … der Mensch sie ohne Hilfsmittel nicht wahrnehmen kann.   ❏
   d) … weil man bisher nichts von der Sprache der Elefanten wusste.   ❏
Gib eine Stelle an, die deine Antwort belegt: Zeile(n): _____

6. Entscheide aufgrund des Textes, ob folgende Aussagen zutreffen, und gib in der rechten Spalte eine Textstelle an, die deine Entscheidung belegt.

Tipp: Lies noch einmal genau im Text nach, bevor du ankreuzt!

	Trifft zu	Trifft nicht zu	Zeile(n)
a) Weibliche Elefanten kämpfen weniger als männliche Elefanten.	❏	❏	_____
b) Durch ein spezielles Programm eines Computers können Elefantenlaute nun auch für den Menschen hörbar gemacht werden.	❏	❏	_____
c) Schon kurz nach der Geburt beherrschen Elefanten ihre Sprache.	❏	❏	_____
d) Die Elefantenforschung hat herausgefunden, dass es in Elefantenfamilien auch Dialekte gibt.	❏	❏	_____

7. Der Text ist in vier Absätze eingeteilt. Jeder Absatz beantwortet eine spezielle Frage zur Sprache der Elefanten. Ordne zu (Ergänze die fehlenden Pfeile).

Absatz 1 (Z. 3–9) antwortet auf die Frage …	welche Unterschiede es zwischen Männchen und Weibchen gibt.
Absatz 2 (Z. 10–16) antwortet auf die Frage …	was die Forscher über die Elefantensprache noch herausfinden wollen.
Absatz 3 (Z. 17–29) antwortet auf die Frage …	wie weit die Sprache der Elefanten reicht.
Absatz 4 (Z. 30–37) antwortet auf die Frage …	welche Unterschiede es zwischen der „Sprache" alter und junger Elefanten gibt.

LESEN

ÜBUNGSBEREICH 3

In Übungsbereich 3 übst du, verschiedene Informationen in einem Text miteinander in Verbindung zu bringen und Schlüsse daraus zu ziehen.

Leben und Sprache der Delfine
Informationen in Verbindung bringen

Vorübungen
(Lösungen findest du zur Kontrolle auf Seite 64)

1. Schlussfolgerungen aus mehreren Sätzen ziehen
   a) Hier sind zwei Sätze abgedruckt, aus denen du eine Schlussfolgerung ziehen sollst:
   1. Delfine sind vermutlich sehr intelligent, sie helfen sich oft auch gegenseitig.
   2. Menschen sind die klügsten Lebewesen auf der Erde, sie sind gegenüber anderen Menschen oft nicht hilfsbereit.
   Welche der folgenden drei Schlussfolgerungen kann man aus den zwei Sätzen ziehen?
   (Lies alle Sätze genau und kreuze die richtige Lösung an.)
   Offenbar ist nicht Klugheit die Ursache für Hilfsbereitschaft. ❑
   Offenbar ist Klugheit die Ursache für Hilfsbereitschaft. ❑
   Offenbar sind Delfine noch intelligenter als Menschen. ❑
   b) Hier sind wieder zwei Sätze abgedruckt. Nun sollst du selbst eine Schlussfolgerung ziehen:
   1. Delfine beobachten oft, dass ihre Artgenossen in Thunfischnetzen hängenbleiben und sterben.
   2. Wenn Delfine Fischerboote und Fischernetze entdecken, dann benehmen sie sich ganz unauffällig.
   Welche Schlussfolgerung kann man aus den zwei Sätzen ziehen? Formuliere einen Satz:

   _____

   _____

2. Zusammengehörende Sätze finden
In drei der folgenden sechs Sätze geht es um dasselbe Thema. Welche drei Sätze sind das?
1. Viele Forscher glauben, dass Delfine fast so intelligent sind wie Menschen.
2. Bis vor 100 Jahren hielt man Delfine für Fische, sie sind aber Säugetiere.
3. Delfine tauchen bis zu 260 Meter tief.
4. Wissenschaftliche Tests für die Intelligenz von Delfinen gibt es noch nicht.
5. Delfine können aufgrund ihrer Körperform sehr schnell schwimmen.
6. Viele Experimente lassen darauf schließen, dass Delfine sehr schlau sind.

a) Folgende drei Sätze gehören zusammen: _____

b) Fasse die drei Sätze in einem eigenen Satz zusammen:

_____

_____

LESEN

ÜBUNGSBEREICH 3

Übungen zu einem Text

Du brauchst nun einen Bleistift und Buntstifte!

Lies den folgenden Text in vier Schritten:
1. Vor dem Lesen: Überlege zunächst, ob du schon irgendetwas über die Sprache der Wale und Delfine weißt!
2. Lesen ohne Bleistift: Überfliege zunächst einmal den Text, um zu sehen, worum es geht!
3. Lesen mit Bleistift für Randnotizen: Lies den Text nun gründlich mit einem Bleistift in der Hand! Notiere an wichtigen Stellen am Rand in Stichworten, was du dort über die Sprache der Wale und Delfine erfährst!
4. Nach dem Lesen: Lies dir noch einmal deine Stichworte am Rand durch und überlege, was du nun über die Sprache der Wale und Delfine weißt!

Bearbeite dann die Aufgaben auf den nächsten beiden Seiten!

Sind Delfine Wale? Delfine gehören zu den Zahnwalen, sind also richtige Wale.

Die Sprachen der Wale und Delfine

(aus: Norbert Landa: Wale und Delfine. Bindlach: Loewe, 1993, S. 37 ff.)

Wieso haben Delfine zwei Sprachen?

Zahnwale haben keine Stimmbänder. Dennoch erzeugen sie Laute verschiedenster Art, mit denen sie sich verständigen und orientieren. Delfine oder auch andere Zahnwale haben zwei verschiedene Sprachen.
Die Klicksprache besteht aus Serien von Klicklauten. Mit ihnen finden sie sich in der Dunkelheit zurecht und orten vermutlich auch Gegenstände im Wasser. Ihre Pfeifsprache ist komplizierter aufgebaut. Sie bildet ganze Folgen von Pfiffen verschiedener Tonhöhen, also eine Art von Melodie. Menschen ist es bisher noch nicht gelungen, diese Sprache zu enträtseln. Aber aus dem Verhalten der Tiere lässt sich schließen, dass es sich nicht nur um Warnrufe und Hinweise handelt. Delfine scheinen sich richtiggehend miteinander unterhalten zu können.
Was wir Menschen klicken hören, ist nur ein kleiner Teil der Delfinsprache. Die Echolotsignale gehen weit hinauf in den für uns unhörbaren Ultraschallbereich. [...]

Können Delfine mit den Ohren „sehen"?

Bei Versuchen haben Delfine bewiesen, dass sie mit ihren Ohren manche Dinge im Wasser besser erkennen können als Menschen mit ihren Augen in der Luft. Forscher haben Delfinen zwei fast gleich große Kugeln vorgelegt, von denen sie immer die größere auswählen sollten. Die Kugeln waren einander so ähnlich, dass menschliche Testpersonen durch bloßes Anschauen keinen Unterschied erkannt haben. Die Delfine hingegen wählten immer die richtige Kugel aus. Ihr Echolotsystem arbeitet so verlässlich, dass sie unter Wasser sogar feinste Drähte erkennen, die für unsere Augen unsichtbar bleiben. [...]

Wie funktioniert das Echolot der Wale?

Das Echolotsystem der Wale besteht aus zwei Teilen. Mit dem Sendeteil stoßen sie Schallwellen in eine bestimmte Richtung aus. Diese Schallwellen pflanzen sich im Wasser fort, treffen auf Hindernisse und werden von ihnen zurückgeworfen.
Mit dem Empfangsteil – den Ohren – nehmen Wale die reflektierten [= zurückgeworfenen] Schallwellen wahr. Aus der Stärke, Richtung und Art der Reflexion berechnen sie, was in welcher Entfernung und in welcher Richtung liegt.

LESEN

ÜBUNGSBEREICH 3

Aufgaben zu „Die Sprachen der Wale und Delfine"
(Lösungen findest du zur Kontrolle auf Seite 64)

1. Delfine haben zwei verschiedene „Sprachen". Aus dem Text kann man erschließen, wie sie heißen und welche Sprache was leistet.
    a) Im Text findest du Stellen markiert (unterstrichen), die helfen können, die Frage zu beantworten. Ergänze:
    Aus Zeile 4 – 6 erfahren wir die zwei Funktionen der Sprache:

    _____ und _____

    Aus Zeile 9 erfahren wir, wie die eine Sprache heißt: _____

    Aus Zeile 12 erfahren wir, wie die andere Sprache heißt: _____
    Lies auch Zeile 9 – 20, um zu erfahren, wozu die Sprachen dienen!
    b) Erläutere nun, welche beiden Sprachen Delfine haben und wofür die Sprachen da sind:

    _____

    _____

2. Delfine senden Echolotsignale aus, also ein Klicken. Was steht im Text darüber, wie diese Klicksprache gebildet wird?
    a) Unterstreiche die hierfür wichtigen Zeilen 4 und 41 – 42. Verbinde sie mit Pfeilen!

    b) Aus Zeile 4 erfahren wir, dass _____

    Aus Zeile 41 – 42 erfahren wir, dass _____

    c) Erläutere nun, wie die Klicksprache gebildet wird (und wie nicht):

    _____

Zwischen-Check: Wie stelle ich Verbindungen zwischen Textstellen her?
In den Aufgaben 1 und 2 hast du geübt, Verbindungen zwischen Textstellen herzustellen und daraus Schlüsse zu ziehen. Schaue dir die beiden Aufgaben nochmals an und ergänze dann:
Wenn ich Verbindungen zwischen verschiedenen Textstellen herstellen und daraus Schlüsse ziehen soll, dann gehe ich folgendermaßen vor:
Zuerst markiere ich _____

Zur Unterscheidung benutze ich eventuell _____

Dann verbinde ich _____

Dann _____

LESEN

ÜBUNGSBEREICH 3

3. Aus dem Text erfährst du, dass Delfine zwei „Sprachen" haben, die Klicksprache und die Pfeifsprache. Gleich sollst du einige Fragen zu diesen Sprachen beantworten. Überlege dir zunächst Vorarbeiten, die dir nachher helfen können!

a) Vorarbeit: Markieren. Beschreibe, wie du vorgehst, und gehe entsprechend vor:

Zunächst unterstreiche ich alle Textstellen, die _____

Dann unterstreiche ich alle Textstellen, die _____

Um die Unterstreichungen zu unterscheiden, _____

Anschließend verbinde ich die zusammengehörenden Stellen mit _____

b) Kreuze nun an, ob die Aussagen zutreffen oder nicht. Gib in der rechten Spalte jeweils mindestens zwei Stellen an, aus denen man zusammen die Antwort erschließen kann:

	Trifft zu	Trifft nicht zu	Zeile(n)
a) Mit der Pfeifsprache können sich Delfine warnen.	❏	❏	_____
b) Mit der Klicksprache können Delfine unter Wasser Kugeln erkennen.	❏	❏	_____
c) Die Menschen können Teile der Klicksprache nicht hören.	❏	❏	_____
d) Die Pfeifsprache wird durch die Stimmbänder der Delfine erzeugt.	❏	❏	_____

4. Eine Zwischenüberschrift in Z. 25 fragt, ob Delfine mit den Ohren „sehen" können.
Wie muss diese Frage laut Text beantwortet werden?
Kreuze alles Zutreffende an! (Denke an das Markieren.)

a) Die Antwort auf die Frage muss lauten: „Nein, Delfine können nicht mit den Ohren sehen, ❏
lediglich Wale orientieren sich mit den Ohren."

b) Delfine hören mit ihren Ohren die Schallwellen, die von Gegenständen zurückgeworfen werden. ❏
Damit orientieren sie sich, sie „sehen" also mit den Ohren.

c) Delfine können mit ihrer Pfeifsprache sogar kleinste Drähte im Wasser erkennen. ❏

5. Du sollst gleich in einem Diagramm darstellen, wie das Echolotsystem der Wale funktioniert.

a) Markiere dazu zunächst in der gewohnten Weise den Text (siehe Zwischen-Check)!
b) Ergänze dann mit Hilfe des markierten Textes das folgende Diagramm.

Das Echolotsystem – es hilft den Walen _____

| 1. Das Sendeteil des Systems _____ | 4. Der Wal berechnet _____ |
| 2. Die Schallwellen _____ | 3. Die reflektierten Schallwellen _____ |

LESEN

LERNFORTSCHRITTSERMITTLUNG

Name: _____ Klasse: _____ Datum: _____

Lies den folgenden Text mehrfach gründlich durch und beantworte dann die Fragen auf den nächsten beiden Seiten. Denke beim Lesen an die Schritte, die du in den Übungen angewandt hast!

Studie: Hunde verstehen menschliche Sprache

(http://www.3sat.de/3sat.php?http://www.3sat.de/nano/cstuecke/70233/index.html)

Eine Studie des Leipziger Max-Planck-Instituts [...] belegt jetzt wissenschaftlich, was Hundebesitzer schon längst geahnt haben: Hunde verstehen mehr von dem, was Herrchen ihnen sagt, als bisher angenommen. „Atomstrom" wie Loriots legendärer Trickfilmhund kann Border-Collie Rico zwar nicht sagen. Aber einen „Rotkohl" könnte er nach Aufforderung auf Anhieb unter seinem Spielzeug finden - obwohl er das Wort Rotkohl zum ersten Mal hört.
Die Leipziger Forscher haben die erstaunlichen Ergebnisse ihrer dreijährigen Arbeit mit Rico im Fachjournal „Science" (Bd. 304, S. 1682) veröffentlicht. „Man muss nicht sprechen können, um viel zu verstehen", [fasst] Team-Leiterin Julia Fischer [die Ergebnisse zusammen] und bescheinigt Rico zudem, dass er sich die neu erlernten Worte auch über längere Zeit merken kann.
„Diese [...] Fähigkeiten, die es einem Tier erlauben, eine Vielzahl von Klängen und Geräuschen richtig zu [deuten], scheinen sich also unabhängig und viel früher als die Fähigkeit zum Sprechen entwickelt zu haben." In den Versuchen wurde dem Border-Collie jeweils neben sieben bereits bekannten Spielzeugen auch ein unbekanntes präsentiert. Die Aufforderung lautete dann: „Rico, hol das ...". In sieben von zehn Fällen brachte Rico das richtige Spielzeug – das entspricht in etwa der Trefferquote eines dreijährigen Kindes. Auch nach mehreren Wochen war Rico in der Lage, sich zu erinnern, obwohl der neue Begriff zwischenzeitlich nicht mehr gebraucht worden war.
Bislang waren Wissenschaftler davon ausgegangen, dass das so genannte „schnelle Zuordnen", das Erschließen von Gegenstands-Bezeichnungen durch logisches Ableiten, eine rein menschliche Fähigkeit sei. Doch Rico, der seine enorme Lern- und Spielfreude bereits bei „Wetten, dass" unter Beweis stellte und mittlerweile über 250 „menschliche" Vokabeln kennt, belehrt die Zweifler eines besseren. [...]
Nach einer Schulteroperation mit neun Monaten musste Rico, ein lauffreudiger Hütehund, ein Vierteljahr an der Leine gehen und notgedrungen im Haus beschäftigt werden.
„Da hab ich einfach angefangen, ihm Spielzeuge in der Wohnung zu verstecken und danach zu fragen. Am Anfang waren es ein oder zwei, dann 20, heute sind es 252", sagt [Ricos Besitzerin] und deutet auf mehrere überquellende Kisten.

LESEN

LERNFORTSCHRITTSERMITTLUNG

Aufgaben zu „Studie: Hunde verstehen menschliche Sprache"

*Achtung: Lies die Fragen und Antwortmöglichkeiten immer genau durch!
Wende die Methoden an, die du in den Übungen gelernt hast!*

1. Die Forscher des Max-Planck-Instituts in Leipzig haben mit dem Hund Rico gearbeitet, um herauszufinden, ob Hunde menschliche Sprache verstehen. Wie lange haben die Forscher mit Rico geforscht?
   a) Kreuze das Zutreffende an.
      Die Forscher des Max-Planck-Instituts in Leipzig haben
      a) neun Monate lang geforscht.   ❑
      b) ein Vierteljahr lang geforscht.   ❑
      c) in sieben der letzten zehn Jahre geforscht. ❑
      d) drei Jahre lang geforscht.   ❑
   b) Nenne die Textstelle, die deine Antwort bestätigt: Zeile(n) _____

2. Wenn man die Forschungsergebnisse nachlesen will, in welchem Fachjournal (= Fachzeitschrift) muss man nachlesen?
   a) Suche zunächst eine Textstelle, aus der die Antwort auf diese Frage hervorgeht: Zeile(n) _____
   b) In welchem Fachjournal muss man nachlesen?

   _____

3. Wie viele menschliche Wörter versteht Rico jetzt?
   a) Kreuze das Zutreffende an.
      Rico versteht jetzt insgesamt
      a) 7 Wörter.   ❑
      b) 20 Wörter.   ❑
      c) 252 Wörter.   ❑
      d) 1682 Wörter.   ❑
   b) Nenne die Textstelle, die deine Antwort bestätigt: Zeile _____

4. Entscheide aufgrund des Textes, ob folgende Aussagen zutreffen und gib in der rechten Spalte eine Textstelle an, die deine Entscheidung belegt.

	Trifft zu	Trifft nicht zu	Zeile(n)
a) Der Hund Rico ist in der Lage, das Wort „Atomstrom" auszusprechen.	❑	❑	_____
b) Kleine Kinder schneiden bei den beschriebenen Versuchen viel besser ab als Rico.	❑	❑	_____
c) Die Zuordnung von Bezeichnungen zu Gegenständen ist eine Fähigkeit, die nur Menschen besitzen.	❑	❑	_____
d) Sprechen und Geräusche richtig zu deuten, sind zwei Fähigkeiten, die gleichzeitig entstanden sind.	❑	❑	_____

LESEN

LERNFORTSCHRITTSERMITTLUNG

5. Der Absatz von Z. 36 – 44 soll nun durch einen Satz zusammengefasst werden.
Welcher Satz passt am besten? (Kreuze die richtige Antwort an.)
   a) Bei „Wetten, dass" konnte Rico beweisen, dass schnelles Zuordnen eine rein menschliche ❏
   Fähigkeit ist.
   b) Ricos Leistungen zeigen, dass das Erschließen von Gegenstandsbezeichnungen durch logisches ❏
   Ableiten keine rein menschliche Fähigkeit ist.
   c) Wissenschaftler haben herausgefunden, dass Rico über 250 menschliche Vokabeln kennt. ❏
   d) Durch die Fernsehshow „Wetten, dass" wurden Wissenschafter auf Ricos Leistung aufmerksam. ❏

6. Aus dem Text kannst du erschließen, wie Ricos Fähigkeiten, menschliche Worte und Gegenstände in Verbindung zu bringen, entstanden ist.
   a) Gib die Textstelle an, die auf diese Frage Auskunft gibt: Zeile _____ bis Zeile _____
   b) Ergänze dann die folgende Grafik:

| Im Alter von _____ hatte Rico eine _____ | → deshalb → | | → deshalb → | |

7. In Z. 9 – 12 wird behauptet, dass man Rico beibringen kann, welcher Gegenstand zu dem für ihn unbekannten Wort „Rotkohl" gehört. Aus dem Text kann man erschließen, wie man Rico das beibringen könnte. Kreuze die richtige Antwort an.
Rico könnte man laut Text das Wort „Rotkohl" beibringen,
   a) wenn man immer wieder das Wort „Rotkohl" wiederholt und auf den Rotkohl zeigt. ❏
   b) wenn man einen Rotkohl zwischen lauter Gegenstände legt, deren Namen Rico kennt, und dann ❏
   sagt: „Rico, hol den Rotkohl".
   c) wenn man einen Rotkohl zwischen lauter Gegenstände legt, deren Namen Rico nicht kennt, und ❏
   dann sagt: „Rico, hol den Rotkohl".
   d) wenn man Rico einen Rotkohl zeigen würde und dann nach mehreren Wochen sagen würde: „Ri- ❏
   co, hol den Rotkohl".

8. Entscheide aufgrund des Textes, ob folgende Aussagen zutreffen, und gib in der rechten Spalte Textstellen an, die deine Entscheidung belegen.

	Trifft zu	Trifft nicht zu	Zeile(n)
a) Die Leipziger Forscher haben etwas erforscht, was Wissenschaftler schon früher herausgefunden haben.	❏	❏	_____
b) Julia Fischer arbeitet am Max-Planck-Institut in Leipzig.	❏	❏	_____
c) Border-Collies gehören zu den Trickfilmhunden.	❏	❏	_____
d) Border-Collies sind Hütehunde.	❏	❏	_____

LESEN

LÖSUNGEN ZU DEN ÜBUNGSBEREICHEN 1 BIS 3 UND ZUR LERNFORTSCHRITTSERMITTLUNG

Übungsbereich 1	
Aufgabe	Lösung
Vorüb. 1	a) (Kaninchen)Rasse und Angora-Kaninchen b) Aussage 2 c) Angora-Kaninchen gehören zur Langhaarrasse.
Vorüb. 2	a) siehe Aufgabe b) Fiver c) Frith d) Richard Adams
Nr. 1	a) aus dem Nest geholt b) Z. 7–9 c) Fiepen
Nr. 2	a) Markieren von „Geräusch", „Männchen" und „Decken eines Weibchens" b) Z. 15–19 c) faucht es
Zwischencheck	Zuerst markiere ich die zentralen Wörter in der Frage. Dann suche und markiere ich im Text Stellen, die zu den zentralen Wörtern passen. Schließlich beantworte ich die Frage.
Nr. 3	b) 1. bei Todesangst (bzw. bei Verletzung) 2. um auf Feinde aufmerksam zu machen
Nr. 4	b) starkes Zähneknirschen trüber Blick
Nr. 5	b) Z. 7–Z. 12 (bzw. 15) c) wenn ihr Jungtier aus dem Nest geholt wird (und wenn das Tier selbst nach dem Auslauf wieder gefangen wird).
Nr. 6	b) Es kann ein blitzschneller Angriff des Kaninchens folgen.
Nr. 7	a) Trifft zu (Z. 5–6) b) Trifft zu (Z. 12–15 oder Teile davon) c) Trifft zu (Z. 35–39 oder Teile davon)

Übungsbereich 2	
Aufgabe	Lösung
Vorüb. 1	a) z. B. Alle Elefanten mögen gern Obst und Pflanzen. b) z. B. Elefanten zählen zu den intelligentesten Tieren.
Vorüb. 2	(b) und (d)
Vorüb. 3	a) z. B.: selten b) z. B.: an das Elfenbein zu kommen c) z. B.: der Elefant sich nicht unterordnet
Nr. 1	b) weil sie zu tief sind.
Nr. 2	a) Z. 36–37 b) Die Menschen können ein Drittel der Töne wahrnehmen.
Nr. 3	b) Lösungen (a), (b) und (d)
Zwischencheck	z. B.: Zuerst suche und markiere ich alle Stellen, die zu der Frage passen. …, was die richtige Antwort ist.
Nr. 4	z. B.: Infraschall-Laute sind sehr tiefe Laute, mit denen sich Elefanten über viele Kilometer (bis zu 10) miteinander unterhalten können.
Nr. 5	Lösung (c) (Textstelle z. B. Z. 34–36)
Nr. 6	a) Trifft zu (Z. 14–16) b) Trifft zu (z. B. Z. 21–23) c) Trifft nicht zu (z. B. Z. 24–26) d) Trifft nicht zu (Z. 31–34: „will […] herausfinden")
Nr. 7	Absatz 2: 1. Frage, Absatz 3: 4. Frage, Absatz 4: 2. Frage

© Cornelsen Verlag Scriptor, Berlin • Diagnostizieren & Fördern • Deutsch • 5/6

LESEN

LERNSTANDSERMITTLUNG

Übungsbereich 3	
Aufgabe	Lösung
Vorüb. 1	a) Offenbar ist nicht Klugheit die Ursache für Hilfsbereitschaft. b) z. B.: Delfine haben Angst vor Fischerbooten und Fischernetzen, weil sie schon oft gesehen haben, wie Artgenossen in Netzen sterben.
Vorüb. 2	a) (1), (4) und (6) b) z. B.: Viele Forscher glauben, dass Delfine fast so intelligent wie Menschen sind, obwohl es keine wissenschaftlichen Tests dafür gibt; Experimente lassen zumindest darauf schließen, dass Delfine sehr schlau sind.
Nr. 1	a) z. B.: Z. 4–6: Die Sprache dient zur Verständigung und zur Orientierung. Z. 9: Die Sprache heißt Klicksprache. Z. 12: Die andere Sprache heißt Pfeifsprache. b) z. B.: Die Klicksprache dient zur Orientierung, die Pfeifsprache zur Verständigung.
Nr. 2	b) z. B.: … Zahnwale (also auch Delfine) keine Stimmbänder haben. … dass mit einem Sendeteil die Schallwellen ausgestoßen werden. c) z. B.: Die Klicksprache wird mit einem „Sendeteil" gebildet, nicht aber von Stimmbändern.
Zwischencheck	Z. B. Zuerst markiere ich die wichtigen Stellen. Zur Unterscheidung benutze ich evtl. unterschiedliche Farben. Dann verbinde ich Zusammengehörendes mit Pfeilen. Dann beantworte ich die Frage.
Nr. 3	a) z. B.: Zunächst unterstreiche ich alle Textstellen, die etwas zur Klicksprache sagen. Dann …, die etwas zur Pfeifsprache sagen. …, benutze ich verschiedene Farben. … mit Pfeilen. b) (a) trifft zu (z. B. Z. 12 und Z. 18) (b) trifft zu (z. B. Z. 10–12 und Z. 26–38) (c) trifft zu (z. B. Z. 21–22 und Z. 23–24) (d) trifft nicht zu (z. B. Z. 4 und Z. 6–7)
Nr. 4	Nur Lösung (b) ist richtig (c: Es müsste „Klicksprache" heißen.)
Nr. 5	b) Lösungsvorschlag: es hilft den Walen, sich zu orientieren. Das Sendeteil des Systems stößt Schallwellen aus. Die Schallwellen werden von Gegenständen reflektiert. Die reflektierten Schallwellen hört der Wal mit den Ohren. Der Wal berechnet daraus, was wo liegt.

Lernfortschrittsermittlung	
Aufgabe	Lösung
Nr. 1 (gehört zu Üb. 1)	a) Lösung (d) b) Z. 14
Nr. 2 (Üb. 1)	a) Z. 15 b) „Science" (evtl. mit Angabe: Bd. 304, S. 1682)
Nr. 3 (Üb. 1)	a) Lösung (c) b) Z. 52
Nr. 4 (a: Üb. 1 b–d: Üb. 2)	a) trifft nicht zu (z. B. Z. 7–9) b) trifft nicht zu (Z. 30–32) c) trifft nicht zu (z. B. Z. 9–12) d) trifft nicht zu (z. B. Z. 21–25)
Nr. 5 (Üb. 3)	Lösung (b)
Nr. 6 (Üb. 2)	a) Z. 45–Z. 53 b) z. B.: Im Alter von neun Monaten hatte Rico eine Schulteroperation, deshalb musste er im Haus beschäftigt werden, deshalb hat sein Frauchen für ihn Spielsachen versteckt und ihm so das Verstehen beigebracht.
Nr. 7 (Üb. 3)	Lösung (b)
Nr. 8 (a, b, d: Üb. 3 c: Üb. 2)	a) trifft nicht zu (z. B. Z. 3–12 und Z. 36–44) b) trifft zu (z. B. Z. 17–18/3–4) c) trifft nicht zu (z. B. Z. 7–9) d) trifft zu (z. B. Z. 8 und Z. 46)
Gehäufte Fehler in der Lernfortschrittsermittlung weisen auf zusätzlichen Übungsbedarf hin (Übungsbereiche sind bei Aufgabennummern genannt).